Heinrich Alfred Barb

Über den Organismus des persischen Verbums

Heinrich Alfred Barb

Über den Organismus des persischen Verbums

ISBN/EAN: 9783743641518

Hergestellt in Europa, USA, Kanada, Australien, Japan

Cover: Foto ©ninafisch / pixelio.de

Weitere Bücher finden Sie auf **www.hansebooks.com**

ÜBER DEN ORGANISMUS

DES

PERSISCHEN VERBUMS.

VON

H. A. BARB,

PROFESSOR DER PERSISCHEN SPRACHE AM K. K. POLYTECHNISCHEN INSTITUTE
IN WIEN.

WIEN.
AUS DER K. K. HOF- UND STAATSDRUCKEREI.
1860.
VERLAG VON CARL HELF.

Inventum simul et perfectum nihil est.

Cicero.

Vorwort.

Ich übergebe hier der Öffentlichkeit eine grammatikalische Arbeit, deren Grundzüge und Ergebnisse ich bereits in meinem bei der Generalversammlung der deutschen morgenländischen Gesellschaft im Jahre 1858 zu Wien gehaltenen Vortrage „Über die Präterital-Bildung des persischen Verbums" *) angedeutet habe. Die von mir über den Gegenstand aufgestellte neue Theorie liegt nun in ihrem ganzen Umfange der gelehrten Welt zur Prüfung und Beurtheilung vor. Die Vortheile, die aus ihr für Schule und Leben erwachsen müssen, sind zu einleuchtend, als dass ihre praktische Bedeutung für Lehrende wie für Lernende von einem meiner Fachgenossen verkannt werden sollte. Dass dieselben nur auf dem von mir eingeschlagenen Wege zu erreichen seien, wird die methodische Auseinandersetzung meines von der bisherigen Lehre abweichenden Verfahrens und der Gründe, welche mich hiezu veranlassten, zur Genüge erweisen. Dass ich bei der Formulirung der einzelnen Sätze nicht willkürlich

---

*) Abgedruckt in der Zeitschrift der deutschen morgenländischen Gesellschaft, XIII. Band, 3. Heft.

zu Werke ging, wird die strenge Motivirung derselben zeigen.

Die volle Überzeugung, die ich von der Sache habe und die mir den Muth gab, vor Jahr und Tag in dem hier versammelten Gelehrtenkreise damit aufzutreten, lässt mich auch hoffen, dass der Ausspruch competenter Richter, deren erleuchtetes Urtheil ich jetzt wie damals über das von mir geltend gemachte Princip anrufe, zu dessen Gunsten lauten werde. Doch kann ich nur meine frühere Erklärung wiederholen, wie sehr es mir fern liege zu behaupten, dass ich in Allem und Jedem das Richtige getroffen hätte, oder dass ich nicht etwa hier und da ganz im Irrthum sein könnte — eine Erklärung, die ich nicht aus blosser Bescheidenheit, sondern auch noch aus dem Grunde abgebe, weil ich sehr wohl begreife, wie leicht ich von einer blinden Parteilichkeit und Vorliebe für ein Werk vieljährigen Nachdenkens befangen sein könnte, wenn ich mich auch von solcher stets frei zu halten trachtete.

Wiewohl ich die Bildungsgesetze im Schoosse der persischen Sprache selbst suchte, weil ich sie zunächst da suchen zu müssen glaubte und glaube, so habe ich hiebei auch auf den allgemeinen sprachwissenschaftlichen Standpunkt jederzeit gebührende Rücksicht genommen. Wo ich mich von diesem trennte, geschah es nur, weil es der Genius der behandelten Sprache erforderte, und weil ich klar erwiesene oder erweisbare Dictate desselben weniger stichhältigen Anwendungen fremder Gesetze oder gar gewagten Hypothesen nicht opfern wollte. Hiefür, dess bin ich gewiss, wird mich von Seiten jedes unbefangenen Beurtheilers weder Tadel noch Vorwurf treffen. Ob ich in und mit meinem Verfahren überhaupt glücklich war? — Dies ist eine andere Frage, über die, nach meinem unmassgeblichen Erachten, zunächst ganz allein vom specifisch-persischen Standpunkte entschieden werden muss. Die Sprachen erklären wohl einander, und die Sprachwissenschaft ist die systematische Verbindung dieser Erklärungen; aber eben desshalb müssen wir in erster Linie jede einzelne Sprache für sich reden lassen. Es wird sich daher vor Allem um die Entscheidung handeln, ob die von mir gewonnenen Ergebnisse sich wirklich in dem persischen Sprachorganismus und durch ihn begründen lassen. Sind sie zweifelhaft oder gar unrichtig, dann fallen sie von selbst, sie mögen nun mehr oder weniger mit dem Sanscrit und Zend übereinstimmen. Sollten sie aber wahr und begründet sein, als solche von unseren Meistern persischer Sprachwissenschaft anerkannt werden, so dürfte wohl auch ihre Lebensberechtigung auf dem allgemeinen, linguistischen Standpunkte nicht leicht anzufechten, sondern vielmehr zu erwarten sein, dass der Widerstreit derselben mit dem Sanscrit sich ausgleichen, oder ein höherer Einigungspunkt für die divergirenden Formengesetze sich finden lassen werde, und es wird dann unsere, wie der Sanscrit-Schule Aufgabe sein, Mittel und Wege hiefür zu suchen. Dass das von mir festgehaltene Princip mehr als jenes der jetzigen Lehre die Möglichkeit hiezu biete, möchte wohl Niemand bezweifeln, und ich hätte nur noch beizufügen, dass ich auch den Schlüssel zur Lösung dieses Räthsels gefunden zu haben glaube.

Wie immer auch die Kritik ausfallen möge; das eine scheint mir ausser Frage zu stehen, dass die neue Theorie über den Organismus des persischen Verbums, die ich in den folgenden Blättern gebe, vom dreifachen Standpunkte der Methode, der Philologie und der Etymologie vor dem bisherigen Classifications-Systeme unbestreitbar den Vorzug verdiene. Übrigens bin ich weit entfernt, selbst in dem Falle, dass meine Arbeit die wärmste Aufnahme und Anerkennung finden würde, für dieselbe die Ehre einer vollendeten Leistung zu beanspruchen. Eine solche in ihr ersehen wollen, hiesse zu viel meinen schwachen Kräften zutrauen, und andererseits die Möglichkeit weiterer Forschung und fortschreitender Erkenntniss in Abrede stellen. Sie mag wohl noch so mancher Bereicherung fähig sein, und selbe auch erhalten, ja vielleicht erst mit der Zeit höherem Forschersinne und geübteren Meisterhänden eine vollendete Gestaltung zu danken haben; und so schliesse ich diese pro domo gehaltene Vorrede mit dem der Schrift, als Stempel für ihre Werthmessung, aufgedrückten Motto: „Inventum simul et perfectum nihil est."

Wien, im December 1859.

Die vorliegende Abhandlung hat den Zweck, eine neue Theorie des persischen Verbal-Organismus zu begründen, welche das Studium desselben wesentlich zu erleichtern berufen ist. Die Schwierigkeiten, welche dieser Theil der persischen Grammatik bietet, sind künstlich geschaffen durch eine fehlerhafte Behandlung und wurzeln nicht in der Sprache. Sie beruhen durchaus nicht auf Unregelmässigkeiten der Conjugation, wie wir sie bei dem Verbum unserer europäischen Sprachen finden. Das persische Zeitwort hat nur eine und zwar die einfachste Conjugation, welche in der Anfügung der Verbal-Flexionen ـَم, ـَی, ـَد (است), ـَم, ـَید, ـَند, als den Berufungsformen des „sein" in den drei Redepersonen der Einzahl und Mehrzahl, besteht, und für alle Zeitwörter in allen Zeiten eine und dieselbe bleibt. So lässt sich auch von einer unregelmässigen Conjugation im Persischen durchaus nicht sprechen. Die einzige Verschiedenheit, welche wir in der ganzen Abwandlung des persischen Zeitwortes finden, besteht darin, dass die dritte Person der Einzahl im Präteritum keine Verbal-Flexion annimmt, dagegen im Präsens ـَد und in dem von dem Mittelworte der Vergangenheit gebildeten Präteritum است erhält. Aber selbst diese Verschiedenheit zeigt sich als ein allgemeines Conjugationsgesetz, welchem jedes persische Verbum unterliegt. Die scheinbaren Ausnahmen des هست „ist" und نيست „ist nicht", welche nicht wie die übrigen Präsensformen in der dritten Person der Einzahl die Verbal-Flexion د annehmen, und in denen auch Lumsden aus diesem Grunde ehemalige Präteritalformen ahnte, werden an geeignetem Orte ihre Erklärung erhalten.

Die Schwierigkeiten liegen somit nicht in der Conjugation, sondern einzig und allein in dem Entwickelungsgange der einzelnen Grundformen des Verbums, welche zur Bildung der verschiedenen Zeiten verwendet werden. Der organische Zusammenhang dieser Formen ist aber noch nicht gehörig erkannt und gewürdigt worden. Die bisherige Lehre von denselben beschränkt sich auf einen reinen Formalismus, und leidet neben dem fühlbaren Mangel an einheitlicher Fassung des Ganzen auch noch an wesentlichen Unrichtigkeiten im Einzelnen.

Unsere persischen Grammatiker beginnen die Lehre vom Zeitworte mit dem Infinitiv, als dem Repräsentanten desselben, welcher durch den Ausgang auf دَن und تَن charakterisirt wird. Von diesem schafft man durch Abwerfung der Ausgangssylbe ن‍َ einen sogenannten abgekürzten Infinitiv (infinitivum apocopatus), welchen man als die Präteritalform hinstellt, und durch weitere Abwerfung des د oder ت den Imperativ oder Aorist für die Bildung der verschiedenen Präsensformen. Bei der Ableitung des letzteren zeigt sich jedoch der grosse Übelstand, dass sie sich auf ein einheitliches Princip nicht zurückführen lässt. Nur bei einer ganz geringen Anzahl von Zeitwörtern lässt sich der Imperativ oder Aorist durch blosse Abwerfung des

د oder ت gewinnen, während bei der grossen Masse derselben auch noch andere gewaltige Veränderungen am Verbalstamme vor sich gehen, welche in Umlautungen der Vocale, Abschleifungen der Consonanten, Ersetzung derselben durch andere, und Einschiebung ganz neuer Laute bestehen.

Man versuchte, in so weit dies ging, mit Hülfe der verschiedenartigsten Combinationen gewisse Gesetze der Analogie für den Bildungsprocess aufzustellen, nach welchen man die Zeitwörter in Classen oder Gruppen abtheilte, um sie in eine systematische Übersicht zu bringen. Lumsden stellt nach dem Vorgange der persischen Grammatiker eilf Classen derselben auf, und gründet diese Eintheilung auf die eilf Buchstaben ا, ر, ز, م, ن, و, ى, خ, س, ش, ف, von denen einer stets vor der Ausgangssylbe des Infinitivs دن oder تن steht, und die er desshalb die Charakterbuchstaben des Zeitwortes nennt. Die ersten sieben Buchstaben, ا, ر, ز, م, ن, و, ى, sind die Charakterbuchstaben der Zeitwörter mit dem weichen Infinitivausgange دن, die letzten vier, ف, ش, س, خ, die Charakterbuchstaben jener mit dem harten Infinitivausgange تن. Bei jeder einzelnen Classe sondert er die zur selben gehörigen Zeitwörter, welche analoge Bildungsweisen haben, nach diesen in Einzelgruppen, und stellt diejenigen, welche sich darunter nicht subsumiren lassen, als Ausnahmen hin.

Diese Classification gibt aber nur eine durch viele Regeln und eine noch grössere Anzahl von Ausnahmen durchkreuzte Zusammenstellung von Bildungsformen, welche dem Anfänger das Studium statt zu erleichtern, geradezu erschwert, und worin sich selbst der gewiegte Persist nur mit Noth zurecht zu finden weiss.

Die fünfte Classe mit dem Charakterbuchstaben ن ist die einzige, welche nur eine Bildungsform, und zwar die durch Abwerfung des Infinitivausganges دن, ohne weitere Anomalien, aufzuweisen hat, wie: ماندن bleiben: مان.

Die dritte Classe mit dem Charakterbuchstaben ز, und die vierte mit dem Charakterbuchstaben م stehen beide mit einem vereinzelten Beispiele eigenthümlicher Bildungsformen:

زدن schlagen: زن.

آمدن kommen: آ oder آى.

Die erste Classe mit dem Charakterbuchstaben ا zeigt:

a) eine Bildungsform durch blosse Abwerfung des Infinitivausganges دن, wie:

كشادن öffnen: كشا oder كشاى;

b) eine zweite Bildungsform, bei welcher auch das ا wegfällt, wie:

ایستادن stehen: ایست;

nebst Anomalien, wie:

دادن geben: ده;

ستادن nehmen: ستان.

Die zweite Classe mit dem Charakterbuchstaben ر zeigt:

a) eine Bildungsform durch blosse Abwerfung des Infinitivausganges دن, wie:

خوردن essen: خور;

b) eine zweite Bildungsform, bei welcher zugleich eine mannigfache Umlautung der Vocale Platz greift, wie:

بردن tragen: بَر;

شمردن zählen: شمُر;

مردن sterben: میر;

nebstdem auch Anomalien, wie:

آوردن bringen: آر neben آور;

کردن machen: کن.

Die sechste Classe mit dem Charakterbuchstaben و zeigt:

a) eine Bildungsform durch Veränderung des و in ا, wie:

سودن reiben: سا oder سای;

b) eine zweite Bildungsform durch Veränderung des وُ in وَ, wie:

درُودن ernten: دَرو;

nebst Anomalien, wie:

بودن sein: بُو, auch باش;

شدن werden: شُو statt شودن.

Die siebente Classe mit dem Charakterbuchstaben ی zeigt:

a) eine Bildungsform durch Abwerfung des ی, wie:

پرسیدن fragen: پرس;

b) eine zweite Bildungsform durch Anhängung eines ن an das ی, welches beibehalten wird, wie:

آفریدن erschaffen: آفرین;

nebst der Anomalie دیدن sehen: بین.

Die achte Classe mit dem Charakterbuchstaben خ zeigt:

a) eine Bildungsform durch Veränderung des خ in ز, wie:

انداختن werfen: انداز;

b) eine zweite Bildungsform des خ in ش, wie:

فروختن verkaufen: فروش;

nebst Anomalien, wie:

شناختن kennen: شناس;

کسیختن brechen: کسل.

Die neunte Classe mit dem Charakterbuchstaben س zeigt:

a) eine Bildungsform durch Abwerfung des س, bald mit, bald ohne Beibehaltung des demselben vorangehenden Vocals, wie:

آراستن zieren: آرا oder آرای;

دانستن wissen: دان;

b) eine zweite Bildungsform durch Veränderung des س in ه, wie:

خواستن wollen: خواه;

c) eine dritte Bildungsform durch Verwandlung des س in ein quiescirendes و, wie:

جستن suchen: جو oder جوی;

d) eine vierte Bildungsform durch Veränderung des س in ن, wie:

شکستن zerbrechen: شکن;

e) eine fünfte Bildungsform durch Veränderung des س in ند, wie:

بستن binden: بند;

nebstdem auch noch Anomalien, wie:

خاستن aufstehen: خیز;

نشستن sitzen: نشین;

کستن brechen: کل.

Die zehnte Classe mit dem Charakterbuchstaben ش zeigt neben den alleinstehenden Beispielen mit blosser Abwerfung des Infinitivausganges تن an den Verben:

کشتن tödten: کش;

سرشتن mischen: سرش:

a) eine Bildungsform durch Veränderung des ش in ر, wie:

داشتن haben: دار;

b) eine zweite Bildungsform durch Veränderung des ش in د, wie:

كُشتن werden: گرد.

c) eine dritte Bildungsform durch Veränderung des ش in س, wie:

نوشتن schreiben: نویس;

nebst Anomalien, wie:

افراشتن erheben: افراز;

كِشتن säen: كار;

هشتن herablassen: هل u. a.

Die eilfte Classe mit dem Charakterbuchstaben ف zeigt:

a) eine Bildungsform durch blosse Abwerfung des Infinitivausganges تن, bald mit, bald ohne Dehnung des Vocals, wie:

شكافتن spalten: شكاف;

شكفتن blühen: شكوف;

b) eine zweite Bildungsform durch gleichzeitige Veränderung des ف in ب, und mitunter auch durch Dehnung des letzten Vocals; wie:

يافتن fassen: ياب;

شكيفتن staunen: شكيب;

nebst einer grossen Anzahl von Anomalien, wie:

گرفتن nehmen: گير;

پذيرفتن genehmigen: پذير;

رفتن gehen: رَو;

گفتن sagen: گو;

سفتن bohren: سنب;

خفتن schlafen: خواب, خسب, auch خفت (mit Beibehaltung des ت des Infinitivausganges) u. m. a.

Duncan Forbes machte in seiner „Grammar of the persian language, London 1844", den Versuch, die eilf Classen Lumsden's auf sieben zu reduciren, indem er die erste und siebente Classe mit den Charakterbuchstaben ا und ى, so wie die zweite und fünfte Classe mit den Charakterbuchstaben و und ن, in je eine Classe zusammenfasste, und in die erstere auch die beiden Classen drei und vier mit den Charakterbuchstaben ز und م einbezog, von denen jede bloss ein einziges Zeitwort umfasst. Aber auch mit diesem Versuche war nichts Wesentliches gewonnen, denn während damit auf der einen Seite eine Verminderung der Classen erzielt wird, mehren sich auf der andern Seite die Bildungsformen und die Ausnahmen zu denselben.

Die bare Unmöglichkeit, allgemeine Regeln für diese verschiedenen, mit einer förmlichen Regellosigkeit sich entwickelnden Bildungsformen aufzustellen, veranlasste denn auch spätere Grammatiker, mit dem Classificationssysteme ganz zu brechen oder es nur nebenbei zu behandeln, und vielmehr auf den empirischen Weg, die praktische Erlernung der Grundformen, zu verweisen. Namentlich ist es Mirsa Ibrahim, welcher sich in seiner „Grammar of the persian Language, London 1841", S. 46, §§. 73 und 74, ganz entschieden gegen jene Classificationsmethode erklärt. Derselben Ansicht neigt sich auch Chodzko zu, welcher in seiner „Grammaire persane, Paris 1852", S. 37 sich folgendermassen ausspricht: „Plusieurs Orientalistes et auteurs de grammaires ont proposé maints systèmes qu'il serait moins utile et plus pénible de retenir que les verbes défectueux eux-mêmes. Le meilleur système est celui de les apprendre par coeur. Le nombre de ces verbes, rangés en groupes homogènes, se réduit seulement à une quarantaine de types, qu'une mémoire ordinaire peut retenir facilement." Die von ihm hierauf gegebene Übersicht charakterisirt sich durch die Emancipirung der in der Lumsden'schen Classification nach den analogen Bildungsformen gesonderten Einzelgruppen, wobei der in der letzteren festgehaltene Eintheilungsgrund nach den eilf Charakterbuchstaben ganz aufgegeben ist.

Wenn auch die Ansicht der beiden genannten Grammatiker bei dem gegenwärtigen Stande der Theorie durch die Praxis gerechtfertigt sein mag, so lässt sich immerhin nicht in Abrede stellen, dass der von ihnen eingeschlagene Weg einen Rückschritt der Grammatik, nämlich den des Aufgebens der Theorie, bekundet. Dieser Vorgang lässt sich um so weniger vertheidigen, als der Bestand eines inneren organischen Zusammenhanges der beiden Grundformen des Verbums, des Infinitivs und des Imperativs oder Aorists, welcher sich in jedem einzelnen Beispiele so deutlich ausspricht, nicht geläugnet werden kann. Und namentlich geht Mirsa Ibrahim zu weit, wenn er den Infinitiv und Imperativ als zwei selbstständige Wurzeln hinstellt, und sie in einer förmlichen Trennung auseinanderhält. Unsere Classificatoren, so wie die indischen und persischen, haben daher immerhin das Verdienst, jenen organischen Zusammenhang erkannt und verfochten zu haben; nur trifft sie der Vorwurf, in der Durchführung einen verfehlten Weg eingeschlagen zu haben, auf welchem übrigens ihnen auch die beiden Gegner der Classification nur mit dem Unterschiede folgten, dass sie lieber auf alle theoretischen Resultate verzichten zu sollen glaubten, als sich mit jenen wenig befriedigenden Ergebnissen zufrieden zu stellen.

Der Fehler der Behandlung liegt darin, dass man die Deduction der einzelnen Bildungsformen des Verbums vom Infinitiv versuchte. Die persischen Autoren thaten es, weil sie, im Geiste der arabischen Grammatik herangebildet, in dem Infinitiv des persischen Verbums eine Art Masdar (مصدر) gefunden zu haben glaubten, und unsere Grammatiker folgten ihnen nur um so leichter auf diesem Wege, bestärkt durch die Analogie des bei dem Verbum der europäischen Sprachen beobachteten Verfahrens. In unseren europäischen Sprachen wird dieser Vorgang durch den Umstand begünstigt, dass Infinitiv und Wurzel in einem unmittelbaren Zusammenhange stehen, und diese aus jenem durch einen einfachen Trennungsprocess gewonnen werden kann. Anders verhält es sich aber bei dem persischen Zeitworte. Hier liegt zwischen Infinitiv und Wurzel eine Mittelstufe des Bildungsprocesses, welche das Zurückgehen von ersterem auf die letztere um so mehr erschweren muss, als ihr ein gleichmässiges Formationsgesetz nicht zu Grunde liegt. So sehen wir denn, wie der von den Classificatoren beobachtete Vorgang von Einfachem zu Mannigfaltigem und und von diesem zu Mannigfaltigerem führt, bis sich endlich die Deduction in einem Labyrinth von Formen verliert. Obenan steht nämlich als die allgemeinste Form der volle Infinitiv mit dem ihn charakterisirenden Ausgange auf ن. In dem Infinitivus Apocopatus zeigt sich schon ein Dualismus der Form mit den Schluss-Consonanten د und ت. Ein weiteres Zurückgehen auf die dem د und ت vorangehenden Wurzelbuchstaben schafft bei dem ersteren eine siebenfache Gliederung nach den bekannten sieben ersten Classen des Lumsden'schen Systems mit den Charakterbuchstaben ا, ر, ز, م, ن, و, ى — und bei dem anderen eine vierfache

Gliederung nach den vier letzten Classen mit den Charakterbuchstaben ف, ش, س, خ. Noch weiter hinab tritt uns aber ein chaotisches Getriebe von Formen entgegen, welches sich jeder systematischen Behandlung entzieht. Die nachstehende Tafel gibt ein anschauliches Bild dieser von dem Allgemeinsten ausgehenden und zuletzt im Sande zahlloser Einzelnheiten verrinnenden Deduction.

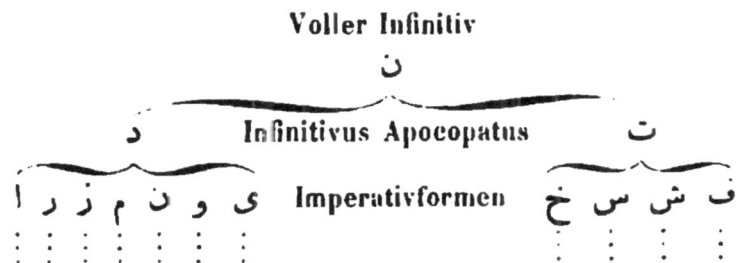

Dies war der Weg, auf dem alle unsere Grammatiker ohne Ausnahme, aber vergebens, den Organismus des persischen Verbums zu entwickeln sich bemühten; keiner von ihnen versuchte, den entgegengesetzten Weg zu gehen, nämlich das Verschiedene auf Gemeinsames, das Einzelne auf ein Allgemeines zurück zu führen, wie dies unter allen Umständen der Gang wissenschaftlicher Behandlung erfordert. Und doch sind und waren so viele, von ihnen auch zum Theile beachtete, Fingerzeige hiefür vorhanden.

Die Erfahrung allein, dass sich auf dem so oft betretenen Wege ein befriedigendes Ergebniss nicht erzielen lasse, genügte schon hiezu, und es ist deutlich zu sehen, wie das hartnäckige Scheitern aller gemachten Versuche einzig und allein in dem Umstande seinen Grund hat, dass die Wurzeln der Zeitwörter, als die ursprünglichsten Ausdrücke für die einzelnen Zustände und Thätigkeiten, nicht anders als ein Verschiedenartiges sein können, die weiteren

Bildungsformen dagegen das Allgemeinere, Gemeinsame seien, und der Infinitiv die Spitze bilde, in welchen dieselben auslaufen. Vullers fühlte dies schon, und wollte in dem Imperativ die Wurzel des Verbums erkennen. Siehe seine „Institutiones linguae persicae cum sanscrita et zendica lingua comparatae, Gissae 1840", S. 112, Abs. 211. Aber er stellt sich dessenungeachtet in der Durchführung wieder auf den unrichtigen Standpunkt des hergebrachten Classifications-Systemes, indem er den Imperativ bloss bei der Bildung des Optativus, Präsens, Aoristus und Participiums Präsentis zu Grunde legt, dagegen das Participium der Vergangenheit nebst den Zeitformen des Präteritums vom Infinitiv ableitet, und diesen nicht aus der angeblichen Wurzel entwickelt, sondern gerade umgekehrt verfährt. Er erklärt nämlich, S. 113, Abs. 212: „Imperativus est ipsa verbi radix, quae in verbo regulari abjecta Infinitivi terminatione apparet"; und dann S. 138, Abs. 239: „Anomalia verbi persici in Imperativi tantum et quae ab illo ducuntur temporum formatione consistit, personarum autem flexionem minime attingit. Complurium enim verborum Imperativus non solum formatur abjicienda Infinitivi terminatione تن vel دن una cum vocali conjunctiva, quae terminationi دن proxime antecedit, sed etiam immutanda ea verbi parte, quae abjecta Infinitivi terminatione remanet. Quae quidem mutationes diversi sunt generis, quum vocales et consonantes aut permutentur, aut abjiciantur, aut addantur, aut alia denique verbi forma substituatur. Nituntur autem ipsa verbi radicis forma, quae in Imperativo saepissime integra apparet, accedente autem Infinitivi terminatione euphoniae imprimis legum ratione plus minusve immutatur, ut in sequenti anomalorum indice docebitur." Geitlin ahnte wohl das wahre Verhältniss, ohne es jedoch wirklich zur Geltung zu bringen. So sagt er in seinem, „Principia grammatices neopersicae", betiteltem Werke, Helsingfors 1845, S. 38: „Si ad ipsam *genesin* variarum flexionum verbalium adtendas, inversa potius valet ratio, h. e. imperativus utut simplicior et e minori literarum numero constans melius pro *radice* haberi posse videtur, quam Infinitivus, praesertim integer ille (vel si mavis prolungatus); nos tamen ab omni abstinentes innovatione et brevitati praeceptorum incumbentes, contraria progressi sumus via." Dasselbe erkennt auch Chodzko, indem er S. 22, Nr. 39 von der Aoristform sagt: „C'est la vraie racine du verbe, car elle reste inaliénable dans tous les modes, tous les temps et toutes les personnes des verbes non défectueux." Er irrt aber gewaltig, und stellt sich geradezu mit dem Obgesagten in Widerspruch, wenn er auf dem alten Wege eine neue Classification versucht, und diese, S. 36, Nr. 70, mit folgenden Worten einbegleitet: „La défectuosité des verbes persans se rapporte seulement à la racine aoriste. Quant à la racine prétérit, elle se forme toujours de la manière régulière indiquée dans le chapitre précédent".

Ein weiterer gewaltiger Fingerzeig ist der Umstand, dass wir nur zu häufig zwei und auch mehr Infinitivformen mit eben so vielen verschiedenen Präteritalstämmen finden, denen insgesammt nur eine Imperativ- oder Aoristform entspricht. Nicht minder bedeutungsvoll in dieser Beziehung ist der Mangel einer eigentlichen Infinitivform bei einigen Zeitwörtern. Man ging aber so weit in der Nichtbeachtung dieses Umstandes, dass man ihn gar nicht gelten lassen wollte, und den erwähnten Zeitwörtern Infinitivformen, welche diese nie hatten und nie haben können, beilegte, oder solche bei ihnen, als im Laufe der Zeit ausser Übung gebracht, voraussetzte. Dies gilt namentlich bezüglich der drei verschiedenen Formen des Verbum substantivum, هست ,است, نیست, wofür man die Infinitive نیستن, هستن, استن aufstellen zu sollen glaubte.

Und unter anderen hieher gehörigen Fällen finden wir auch noch Beispiele vereinzelter Verbalwurzeln, welche weder eine Infinitiv- noch Präteritalform haben, sondern selbe von anderen ihnen verwandten Wurzeln entlehnen, wie: باش آور. von آوردن und آورد mit, آر. بو von بودن und بود mit.

Die sprechendste Widerlegung der bisherigen Classificationsmethode und zugleich den deutlichsten Beweis für die Richtigkeit der von mir geltend gemachten Ansicht finden wir in der Bildung der sogenannten causativen oder factitiven Verba, welche von der Imperativ- oder Aoristform der primitiven Zeitwörter abgeleitet werden. Unsere Grammatiker erkennen in der That dieses Ableitungsverhältniss; aber sie begehen auch hier den Missgriff, die Infinitivform an die Spitze zu stellen. Sie erklären, dass die Causalverba von der Imperativ- oder Aoristform der primitiven Zeitwörter durch Anhängung der Ableitungssylben اندن oder انیدن gebildet werden, wie: von سوز, der Aoristform des Verbums سوختن brennen: سوزاندن verbrennen machen; von ره, der Aoristform des Verbums رستن entwischen: رهانیدن entwischen lassen, befreien. Aus der so gewonnenen Infinitivform des Causalverbums wollen sie erst die Imperativ- oder Aoristform desselben nach der von ihnen aufgestellten Theorie durch Abwerfung des Infinitivausganges دن oder یدن gebildet wissen, nämlich سوزان von سوزاندن, und رهان von رهانیدن; statt, wie dies in der Natur der Sache liegt, selbe gleich von der Imperativ- oder

Aoristform des primitiven Zeitwortes durch Anhängung der Sylbe ان abzuleiten und von ihr den weiteren Bildungsprocess zum Infinitiv hinauf zu verfolgen. Zeigt sich doch derselbe Bildungsprocess ganz deutlich bei den von persischen, so wie von arabischen Nominalformen abgeleiteten Zeitwörtern. So entsteht von لنگ lahm: لنكيدن hinken; von دزد Dieb: دزديدن stehlen; von فهم Verstand: فهميدن verstehen; von رقص Tanz: رقصيدن tanzen; von طلب Begehr: طلبيدن begehren.

Die vorstehenden Betrachtungen beweisen zur Genüge, wie sehr man Unrecht hatte, den Infinitiv zum Ausgangpunkte der Deduction zu nehmen, und von ihm durch die Mittelstufe des Infinitivus Apocopatus auf die Wurzel hinab zu gehen, und dass wir vielmehr den entgegengesetzten Weg zu verfolgen, nämlich von der Wurzel zu den Bildungsformen des Infinitivs aufzusteigen haben. Bevor wir aber die Entwickelung eines Systems auf diesem Wege versuchen, wollen wir die Stellung und Bedeutung der einzelnen Bildungsformen unter dem neuen Gesichtspunkte näher ins Auge fassen.

Der erste Blick auf den Weg, den wir einzuschlagen haben, macht es klar, dass der Schwerpunkt des Ganzen in der Bildung des sogenannten Infinitivus Apocopatus liegt. Die Wurzel ist ein bestimmtes Gegebenes, woraus er sich entwickelt; der volle Infinitiv mit dem Ausgange ن bloss eine verlängerte Form desselben. Damit ist zugleich gesagt, dass wir in ihm nicht mehr eine abgekürzte Infinitivform sehen können, welche man in ihm gefunden zu haben glaubte, und dass eben so wenig die Wurzel als eine von ihm abgeleitete Imperativ- oder Aoristform gelten könne. Wir wollen nun zunächst diese letztere betrachten.

Die Wurzel erscheint nicht bloss als flectirender Verbalstamm bei der Bildung des Imperativs und der verschiedenen Präsensformen, sondern sie gestaltet sich auch zum Nomen, und zwar bald in der Form eines selbstständigen Begriffswortes, wie: سوز Brand, بند das Band, گریز die Flucht, تراش der Schnitt; bald als Bestandtheil eines zusammengesetzten Begriffes, wie: خور in آدمخور Menschenfresser, بر in کیسه بر Beutelschneider, پز in نانپز Brotbäcker, دان in کاردان geschäftskundig, کن in کارکن geschäftsthätig, betriebsam, نشین in جانشین Stellvertreter, پوش in سرپوش Deckel, بوس in دست بوس Handkuss, مال in گوش مال Züchtigung (wörtlich: Ohrwischer) u. s. w. Besonders schlagend tritt die participielle Natur der Wurzeln in ihrer Zusammensetzung mit der Verneinungspartikel نا hervor, wie in نادان unwissend, ناتوان unvermögend, نایاب nicht zu bekommen, ناگزیر unvermeidlich, ناپسند unliebsam. In gleicher Art in der Redensart خواه نخواه nolens volens; und in dem unpersönlich lautenden Ausdrucke توان man kann, finden wir auch noch den eigenthümlichen Fall, dass die Wurzel ohne Flexion als Verbum auftritt, so: توان گفت man kann sagen, توان رفت man kann gehen.

Wir ersehen aus dem Obigen, dass die Wurzel nicht eine leere Abstraction, sondern eine lebensthätige Form des Verbums ist, welche den betreffenden Zustand oder die Thätigkeit im Allgemeinen bezeichnet, und dann weiter mit Hilfe der Berufungsformen der Person und Zahl, so wie der anderweitigen Beziehungsverhältnisse des Denkens, ihre präcisirte Bedeutung erhält. So kommt es, dass sie einerseits die feste Natur eines Nomens, sowohl Substantivums als Adjectivums, und andererseits die flüssige eines Verbum finitums anzunehmen fähig ist. Wir wollen sie in dieser ihrer allgemeinen Bedeutung mit dem Namen Verbalnomen *(nomen verbale)* bezeichnen.

Ein gleiches Bewandtniss hat es mit dem angeblichen Infinitivus Apocopatus. Er erscheint als flectirender Verbalstamm bei der Bildung des Präteritums, und gestaltet sich auch hinwieder zum Nomen, bald als selbstständiges Begriffswort, bald als Bestandtheil eines zusammengesetzten Begriffswortes. So bedeutet بود die Existenz, کرد die That, گفت die Rede, خواست der Wille, کشت die Saat, خرید der Kauf, زیست das Leben, شکست die Niederlage. Hieher gehören auch die Doppelformen: گفت و شنید das Sagen und Hören (der sprachliche Verkehr), داد و ستاد das Geben und Nehmen (Handel und Wandel), برد و باخت das Gewinnen und Verlieren, رفت و آمد das Gehen und Kommen (der Verkehr), آمد و شد dasselbe. Das Gleiche gilt von den Zusammensetzungen mit den Wurzeln, wie: گفت و گو das Hin- und Herreden (die Verhandlung), جست و جو das Suchen und Wiedersuchen (die Nachforschung), خرید و فروش Kauf und Verkauf, جست و خیز das Springen und Aufstehen. Beispiele der Wortzusammensetzung sind: سرنوشت die Aufschrift, سرآمد der Meister (der ans Ende, zur Vollkommenheit Gelangte), زر بافت das Goldgewebe, خانه زاد der im Hause geborne Sklave, فروگذاشت Unterlassung, نامزد der Verlobte, گوشزد die Mittheilung (dem Ohre überliefern), خواب آلود schlaftrunken u. s. w. Ein interessantes, für diese Auffassung sprechendes Beispiel finden wir in der Redensart بافت نمشود es wird nicht vorgefunden, wo eine solche Grundform in der Art eines wirklichen Mittelwortes der Vergangenheit angewendet erscheint. Diese Bedeutung war ihr auch im Parsi eigen, welchem die heutige Bildungsform des Participii praeteriti mit dem schliessenden stummen ه fehlte.

Wir haben es somit hier mit einem zweiten **Verbalnomen** zu thun, welches sich aus dem ersterwähnten, der Wurzel, mit dem Vergangenheitsbegriff entwickelt. Während jenes den Zustand oder die Thätigkeit allgemein ohne alle Zeitbegrenzung bezeichnet, gibt dieses hiefür den allgemeinen Ausdruck in der Vergangenheit, welcher dann weiter durch die Berufungsformen der Person und Zahl, so wie mit Hilfe der anderweitigen Beziehungsverhältnisse des Denkens, seine präcisirte Bedeutung als flüssiges Verbum oder als festes Nomen erhält.

Seine Rolle bei der Bildung des Futurs und der modalen Constructionen des „Wollen", „Können", „Müssen" und „Sollen", wie: میخواهم گفت خواهم گفت **ich werde sagen**, **ich will sagen**, میتوان گفت **man kann sagen**, باید گفت **man muss sagen**, شاید گفت **man soll sagen**, ist allerdings geeignet, ihm die Bedeutung einer Infinitivform zu verleihen und es liesse sich hiefür eine Bestätigung in dem Umstande finden, dass in den meisten dieser Fälle auch die, im gewöhnlichen Leben zwar minder gebräuchliche, Construction mit dem vollen Infinitiv, باید گفتن, می خواهم گفتن zur Anwendung kommt, welche im Parsi von allgemeinerem Gebrauch gewesen. Allein wir dürfen nicht übersehen, dass diese Construction, welche mit dem Gebrauche unserer unbestimmten Art des Zeitwortes eine grosse Ähnlichkeit hat, nur auf die erwähnten Fälle beschränkt ist, und dass wir im Persischen überhaupt von einer Infinitiv-Construction, wie in unseren europäischen Sprachen, nicht reden können. Sätze wie: „ich höre sprechen, ich fürchte zu fallen, er hiess ihn tödten, er sah ihn kommen", vermag der Perser in seiner Sprache durchaus nicht in dieser synthetischen Weise zu geben; er greift hier zur analytischen Ausdrucksweise, wie: ميشنوم که حرف ميزنند ich höre, dass man spricht, oder ميشنوم که کسی حرف ميزند ich höre, dass Jemand spricht, ميترسم که بيفتم ich fürchte, dass ich falle, فرمود که اورا بکشند er befahl, dass man ihn tödte. ديدم که مى آيد ich sah, dass er kommt. Auch bei den modalen Constructionen des „wollen und können", gibt der Perser dieser analytischen Ausdrucksweise den Vorzug, namentlich in der gewöhnlichen Umgangssprache, und sagt viel lieber: ميخواهم بگويم ich will, dass ich sage, ميتوانم بگويم ich kann, dass ich sage, als: ميخواهم گفت. ميتوانم گفت. Bei jenen des „müssen und sollen" muss er sich sogar derselben bedienen, wenn sie nicht unpersönlich lauten sollen, nämlich: بايد بگويم ich muss sagen, شايد بگويم ich soll sagen (wörtlich: es liegt ob, dass ich sage; es ziemt sich, dass ich sage); denn بايد گفت heisst: man muss sagen, شايد گفت man soll sagen.

Andererseits finden wir Constructionen mit dem vollen Infinitiv, wo der sogenannte Infinitivus Apocopatus, unser Verbalnomen der Vergangenheit, nicht zur Anwendung kommt, wie: بناکرد حرف زدن er begann zu sprechen, باريدن گرفت es fing an zu regnen. In diesen Beispielen erscheint der Infinitiv als ein im Abhängigkeitsverhältnisse des Objectes gesetztes Nomen Actionis, welches reine substantivische Bedeutung hat, gerade wie in den Fällen, wo er Subject des Satzes ist. Und wenn wir damit die Constructionen mit dem Verbalnomen der Vergangenheit zusammenhalten, so zeigt sich bei diesen ein gleiches Verhältniss; شاید کفت heisst: es ziemt sich das Sagen, باید کفت es liegt ob das Sagen, میتوانم کفت ich kann das Sagen, میخواهم کفت ich will das Sagen; und selbst das Futurum خواهم کفت bedeutet nichts anderes in seiner Zusammensetzung als: ich mag das Sagen.

Diese Betrachtungen müssen zu dem Schlusse führen, dass die persischen Infinitive eigentlich angewandte Nominalformen seien, und wir finden hiefür in Bezug auf unser Verbalnomen der Vergangenheit eine Bestätigung in dem Umstande, dass es auch ausser den erwähnten Constructionen für sich allein die Natur eines Nomen bekundet.

Nachdem wir die Bedeutung der beiden Grundformen des Verbums festgestellt haben, wollen wir nun auch die Grundsätze aufsuchen, nach welchen sich das Verbalnomen der Vergangenheit aus der Wurzel entwickelt. Sein Bildungscharakter ist, wie sein Auslaut dies durchgehends zeigt, der weiche oder harte Dentallaut, nämlich ein د oder ت, welche wir demnach mit Recht die Charakterlaute des Vergangenheitsbegriffes im Persischen nennen können. Allein wir finden nur verhältnissmässig wenige Beispiele der Bildung der Vergangenheit durch reine Anfügung eines د oder ت. Sonst sehen wir überall noch nebenher verschiedenartige Lautprocesse auftreten, welche gleichsam dazu bestimmt sind, die engere Verbindung zwischen Wurzel und dem Charakterlaute der Vergangenheit zu bewerkstelligen.

Das erste, welches Noth thut, ist eine umfassende Übersicht aller jener Vermittlungsprocesse zu gewinnen, welche sich nach den verschiedenen Auslauten der Wurzeln richten. Wir wollen mit jenen bei dem weichen د beginnen.

Fälle reinen Anschlusses desselben finden wir in folgenden Wurzeln:

a) mit dem Ausgange auf ا َ und و ُ :

زا gebären: زاد;

کا schänden, missbrauchen: کاد;

آما bereit halten: آماد;

کِا öffnen: کِاد;

بو sein: بود (in der Poesie auch بُد, mit Verkürzung des Vocals);

b) mit dem Ausgange auf ر:

خور essen, trinken: خورد;

پرور pflegen, erziehen: پرورد;

گستر aufbreiten: گسترد;

گذار lassen: گذارد;

گزر abhelfen: گزرد;

گوار essen, kosten: گوارد;

فشار ausdrücken: فشارد;

شمر zählen: شمرد;

ستر abwischen: سترد;

c) mit dem Ausgange auf ن:

مان bleiben: ماند;

ران jagen: راند;

خوان lesen, singen: خواند;

افشان streuen: افشاند;

ستان nehmen: ستاند;

كَنْد graben, rupfen: كَنْ;

افكند werfen: افكن;

und die hieher gehörigen Causal-Verba, wie:

ترساند schrecken: ترسان;

جناند bewegen: جنان etc.

Vermittelnde Lautprocesse beim Anschlusse des weichen Vergangenheitscharakters د sind:

1. Umlaut der vocalischen Ausgänge ا und و ُ der Wurzeln in و ُ, wie:

سود reiben: سا;

آسود ruhig sein: آسا;

آلود besudeln: آلا;

افزود vermehren: افزا;

زدود abreiben: زدا;

پالود durchseihen: پالا;

آزمود erproben: آزما;

نمود zeigen: نما;

ستود preisen: ستا;

فرسود verderben: فرسا;

فرمود befehlen: فرما;

پیمود messen: پیما;

ربود rauben: ربا;

بخشود schenken, vergeben: بخشا;

خشود kratzen: خشا;

اندود übertünchen: اندا;

آمود bereit halten: آما } auch mit reinem Anschluss

كشود öffnen: كشا } siehe oben:

درو ernten, sammeln: درود;

شنو hören: شنود, (auch شَنيد, zusammengezogen aus شَنَويد);

زنو wiehern: زنود;

غنو schlummern, nicken: غنود;

شو werden: شود, gewöhnlicher شُد mit verkürztem Vocale.

2. Umlautung des letzten Sylbenvocals in ُ bei den mit ر schliessenden Wurzeln, wie:

بَر tragen: بُرد;

آوَر bringen: آوُرد;

سپار übergeben: سپُرد;

آزار kränken: آزُرد;

افشار, auch فشار ausdrücken: افشُرد, فشُرد;

شمار zählen: شمُرد;

میر sterben: مُرد.

3. Abwerfung des Endconsonanten ن bei den auf diesen ausgehenden Wurzeln, wie:

چین sammeln: چید, auch چِد mit verkürztem Vocal;

آفرین erschaffen: آفرید;

گزین erwählen: گزید;

رین sich entleeren: رید;

زن schlagen: زد;

ستان nehmen: ستاد, gebräuchlicher ستَد, mit verkürztem Vocal;

بین sehen: دید, bei welchem wir vorläufig eine Veränderung des Anfangsconsonanten ب in د annehmen wollen.

4. Einschiebung eines ى, welches wir bei der bei weitem grösseren Anzahl der Wurzeln von allen wie immer gearteten Ausgängen vor dem weichen Vergangenheitscharakter د finden, wie:

با fussen: پای oder بائید;
بو duften: بوی oder بوئید;
تاب leuchten: تابید;
تپ klopfen: تپید;
پرست verehren: پرسید;
خند lachen: خندید;
بار regnen: بارید;
گز beissen: گزید;
رس gelangen: رسید;
پاش streuen: باشید;
رنج zürnen: رنجید;
پیچ rollen, drehen: پیچید;
جخ Streit anbinden: جخید;
جغ streben: جغید;
مک lecken: مکید;
مال reiben, wischen: مالید;
دم athmen, anbrechen: دمید;
تن weben: تنید;
چاه sich erkälten: چاهید;
دَو laufen: دوید.

Hieher gehören auch alle Causalverba, wie:
ترسان schrecken: ترسانید;

جنان bewegen: جنبانید;

رهان freilassen: رهانند u. s. w.

Ebenso die von persischen und arabischen Nominalformen gebildeten Zeitwörter, wie:

لنگ hinken: لنگید von لنگ, lahm;

دزد stehlen: دزدید von دزد, Dieb;

طلب begehren: طلبید von طلب, Begehr;

فهم verstehen: فهمید von فهم, Verstand;

رقص tanzen: رقصید von رقص, Tanz u. s. w.

Als Abart verdient hier noch die übrigens höchst
seltene Formation mit dem vom ید abgeschwächten ـِد
bemerkt zu werden, so von

شاش ausschwitzen, Wasser abschlagen: شاشِد
neben شاشید;

جوش saugen: جوشِد neben جوشید.

5. Die Einschiebung eines ا, welches wir bei folgenden vier Wurzeln vor dem Vergangenheitscharakter د angewendet finden:

ایست oder است stehen: ایستاد oder استاد;

فرست schicken: فرستاد;

افت fallen: افتاد;

نه setzen, legen: نهاد;

ده geben: داد, welches wir vor der Hand als aus دهاد
zusammengezogen betrachten und als fünftes Beispiel
hicher zählen wollen.

Ganz anomal bildet die Wurzel آ, kommen, das Verbalnomen der Vergangenheit mit Einschiebung eines auf
ـَ auslautenden م zu آمَد.

Die Verbalnomina der Vergangenheit آورد zu آر bringen, und بود zu باش sein, sind nicht als besondere diesen beiden Wurzeln eigenthümliche, sondern von ihnen entlehnte Bildungsformen der ihnen verwandten Wurzeln آور und بُو zu betrachten. Dasselbe gilt auch nach meiner Ansicht bei der Wurzel کُن machen, in Bezug auf die Bildungsform کرد, welche das Verbalnomen der Vergangenheit von der ausser Uebung gekommenen Wurzel کر sein dürfte. Wir finden von dieser letzteren die Verlängerung کار erhalten und im Sanscrit entspricht ihr die Wurzel *kar*.

Wir kommen nun zu den Bildungsformen mit dem harten Vergangenheitscharakter ت.

Fälle reinen Anschlusses desselben finden wir bloss bei folgenden wenigen Wurzeln:

باف weben: بافت;

کاف graben: کافت;

شکاف spalten: شکافت;

شکوف blühen: شکفت (mit verkürztem Vocal);

کش tödten: کشت;

سرش zusammensetzen: سرشت;

نوش trinken: نوشت (gebräuchlicher نوشید);

هش loslassen: هشت (auch هشید).

Vermittelnde Lautprocesse sind:

I. Die Veränderung des consonantischen Auslautes der Wurzeln, welcher beim Anschlusse des Vergangenheitscharakters ت in einen der vier flüssigen Laute خ, ف, س, ش übergehen muss. So verändert sich:

a) in ف die Ausgänge der Wurzeln auf ب, پ, سب, als: ـَو, ـُو,

باب fassen, finden: یافت;

تاب leuchten: تافت (auch تفت mit verkürztem Vocal);

شتاب eilen: شتافت;

کوب stossen: کوفت;

روب kehren: روفت (auch رُفت mit verkürztem Vocal);

آشوب entbrennen: آشوفت (auch آشُفت mit verkürztem Vocal);

فریب täuschen: فریفت;

شکیب verwundert sein: شکیفت (auch شکفت mit verküztem Vocal);

خواب schlafen: خفت, mit Umlautung des ا in kurzes ◌ِ;

خسب schlafen: خُفت;

سنب bohren: سفت;

رَو gehen: رفت;

شنو hören: شنفت, mit dem Umlaut in ◌ِ;

گو sprechen: گفت.

Hieher dürften auch noch zwei Wurzeln mit dem Ausgange auf ر gehören, nämlich:

گیر nehmen: گرفت.

پذیر aufnehmen: پذیرفت (auch بذرفت);

bei welchen das neu hinzutretende ف ebenfalls durch Assimilirung aus einem im Laufe der Zeit weggefallenen Endlaute der Wurzel entstanden zu sein scheint. گرفت zeigt mit گرو, welches Pfand bedeutet, eine eben so nahe Laut- als Sinnesverwandtschaft, und die Annahme liegt nicht ferne, dass گیر aus گرو durch Abwerfung des Endlautes و und gleichzeitige Verlängerung des dem ر

vorangehenden Vocals entstanden sei. Eine unzweifelhafte Bestätigung hiefür liegt in der Zendwurzel ﮔﺮو, *gerew*, welche **nehmen** bedeutet. Vide Burnouf's Commentaire sur le Yaçna, Notes et Eclaircissements, p. LXIV. Ein gleiches Bewandtniss mag es auch mit dem anderen Falle haben. بذرفت erscheint als eine Zusammensetzung aus رفت mit بذ = *paiti* im Zend, welches „auf, über, gegen" bedeutet, wie بدمودن im Parsi = بمودن im Neupersischen. Der zusammengesetzte Ausdruck liesse sich in der Art als „entgegengehen, entgegenkommen" erklären; so heisst auch بذيره das Entgegengehen der Deputationen bei feierlichen Einzügen, und بذرفتن bildet noch heutzutage den stehenden Ausdruck für den Empfang der Gesandten. Ich glaube sogar die neupersische Partikel بش für identisch mit بذ, als einer älteren Form derselben, ansehen zu sollen, welche sich nur noch in dem vorliegenden Beispiele erhalten hat. Für بش finden wir im Parsi auch بدش, und nicht weniger dürfte hiefür der Umstand sprechen, dass im Färhängy Dschyhangiri die beiden Buchstaben von بذ mit Kesre vocalisirt erscheinen. So wäre denn بِذِرفت oder بِشِرو = بِذِرفت, und wie die Wurzel des letzteren بِشِرو, so jene des ersteren بِذِرو, von welcher dann in Analogie mit dem bei گرو angenommenen Vorgange das و wegfallen und dieser quantitative Verlust des Stammes durch Dehnung des dem ر vorangehenden kurzen Vocals ersetzt worden wäre. Der Umstand, dass die Lexicographen in بذرفت das ر mit dem Dhamma vocalisiren, kann um so weniger befremden und gegen obige Deduction sprechen, als wir bei شنو in شنفت einen ähnlichen vocalischen Übergang sehen, und das ältere Parsi die Giltigkeit der Vocalisation بِذَرفت ausser allem Zweifel stellt.

b) in خ verwandeln sich die Wurzelausgänge auf ش, ز, س, ج, ج, ل, so:

باز verlieren: باخت;

تاز treiben: تاخت;

ساز machen: ساخت;

انداز werfen: انداخت;

افراز erheben: افراخت;

نواز liebkosen: نواخت;

پرداز sich anschicken: پرداخت;

گداز schmelzen: گداخت;

بیز sieben: بیخت;

ریز schütten: ریخت;

گریز fliehen: گریخت;

انگیز anstiften: انگیخت;

پرهیز sich enthalten: پرهیخت;

آمیز mengen: آمیخت;

آویز aufhängen: آویخت;

دوز nähen: دوخت;

سوز brennen: سوخت;

افروز anzünden: افروخت;

آموز lernen: آموخت;

اندوز zusammenbringen: اندوخت;

پز kochen, braten: پُخت, mit umlautendem Vocal;

دوش melken: دوخت;

فروش verkaufen: فروخت;

kennen: شناس ;شناخت;

wägen: سنج ;سخت;

drehen, winden: پیج ;پیخت;

brechen: کیل ;کسیخت, mit verlängertem Vocal:

c) in ش verwandeln sich die Wurzelausgänge auf رد, ر, س, ز, ل, so:

säen, pflanzen: کار ;کاشت, auch ;کشت;

haben: دار ;داشت;

meinen: انگار ;انگاشت;

häufen: انبار ;انباشت;

stopfen: اوبار ;اوباشت;

zeichnen: نگار ;نگاشت;

wähnen: بندار ;بنداشت;

anstellen: گمار ;گماشت;

vorüberziehen: گذر ;گذشت;

lassen: گذار ;گذاشت;

werden: گرد ;گشت;

wandern: نورد ;نوشت;

lecken: لیس ;لشت;

spinnen: ریس ;رشت; } mit verkürztem Vocal;

schreiben: نویس ;نوشت;

erheben: افراز ;افراشت;

herablassen: هل ;هشت;

d) in س verändern sich die Wurzelausgänge auf ه, ن, ند, ل, ز, so:

خواه wollen: خواست;

کاه abnehmen: کاست;

ره entwischen: رست;

جه springen: جست;

شکن brechen: شکست;

رین sich entleeren: ریست;

نشین sitzen: نشست, mit umlautendem und verkürztem Vocal;

نشان setzen: نشاست;

بند binden: بست;

پیوند verbinden: پیوست;

خیز aufstehen: خاست, mit umlautendem Vocal;

خز kriechen: خست;

گل brechen: گست.

II. Ein anderer vermittelnder Lautprocess bei dem Anschlusse des harten Vergangenheitscharakters ت ist die Einschiebung eines س mit oder ohne Bindevocal, je nachdem die Wurzel consonantisch oder vocalisch auslautet; so:

a) mit Bindevocal:

بای obliegen: بایست;

شای geziemen: شایست;

خای kauen: خایست;

گرای streben, verfolgen: گرایست;

دان wissen: دانست;

مان gleichen: مانست;

نوان kämmen: توانست;

نشان setzen: نشانست;

نه legen, stellen: نهست (auch نهشت):

نگر schauen: نگرست, auch نگریست, mit gedehntem Verbindungsvocal:

یار vermögen: یارَست, mit Fatha als Bindevocal:

b) ohne Bindevocal:

آرا(ی) schmücken: آراست, auch آرَست mit verkürztem Schlussvocal der Wurzel;

پیرا(ی) zieren: پیراست;

زی leben: زست;

گری weinen: گرست;

جو(ی) suchen; جست

رو(ی) wachsen; رست   , mit Verkürzung des End-
                       vocales der Wurzel.

شو(ی) waschen: شست

Wenn wir diese verschiedenen Vermittelungsprocesse betrachten, so finden wir in denselben einen zweifachen Charakter ausgesprochen, 1. einen mechanischen, den der Lautanfügung und 2. einen dynamischen, den der Lautveränderung. Beiderlei Processe kommen sowohl bei der Bildung mit dem weichen Präteritalcharakter د als bei jener mit dem harten Präteritalcharakter ت vor; nur sind sie bei der ersteren, vocalischer, bei letzterer, consonantischer Natur. Bei der Bildungsform mit dem weichen Vergangenheitscharakter د bestehen die mechanischen Lautprocesse in der Einschiebung der Vocale ا und ی so wie in der Abwerfung des consonantischen Ausganges der Wurzel, die dynamischen Lautprocesse im Umlaut der Schlussvocale.

Bei der Bildungsform mit dem harten Vergangenheitscharakter ت, bestehen die mechanischen Lautprocesse in der Einschiebung des Cosonanten س, die dynamischen in der Veränderung des consonantischen Auslautes der Wurzeln.

Wir finden wohl auch bei der Präteritalbildung mit ت hier und da vocalische Veränderungen, wie:

a) Kürzung der Vocale in:

آشوب zu رفت, روب zu تفت, تاب zu شکفت, شکوف zu
کفت zu کو, گرفت zu گیر, فرفت zu فریب, آشفت zu
نشت zu شو, رست zu رو, جست zu جو.

b) Dehnung der Vocale, in:

نگریست zu نگر, کسیخت zu کیل.

c) Umlaut der Vocale, in:

شنفت zu شنو, خاست zu خیز, پخت zu پز:

und mit gleichzeitiger Verkürzung des umlautenden Vocales:

کشت zu کار, نشست zu نشین, خفت zu خواب.

Allein alle diese vocalischen Veränderungen sind blosse secundäre Erscheinungen, welche den consonantischen Vermittlungsprocess begleiten, mit Ausnahme des einzigen Falles: شکفت, شکوف, wo die Kürzung des Vocales bei der Präteritalbildung mit reinem Anschlusse des ت auftritt. Bei der Präteritalbildung mit weichem د erscheint dagegen die vocalische Veränderung als eigentliches Formationsgesetz.

Es frägt sich nun, wie sich Vocalismus und Consonantismus hier zu einander verhalten? Sind beide gleich ursprüngliche Bildungsformen, oder ist die eine derselben ursprünglicher als die andere? Wir finden Wurzeln mit Präteritalbildungen der einen und der anderen Art, wie: سنید und bohren: سنب; تافت und تابید leuchten: تاب

wägen: سنج ;دوش melken: دوشید und دوخت; سفت
و َ و َ كرد lassen: گذارد und گذاشت; سخت und سنجید wenden: كنت und گردید; ره entwischen: رهید und رست; روی
wachsen: روید und رست; خای kratzen: خائد und
خاست u. s. w. Dieser Umstand allein berechtigt uns zu
der Annahme, dass wir hier zwei Bildungsformen vor uns
haben, welche nicht gleich ursprünglich und von einander
unabhängig seien, sondern von denen die eine die ursprüngliche, die andere eine später erstandene sein müsse.

Ich kann nicht umhin, nebenbei auf das verkehrte
Ergebniss aufmerksam zu machen, zu welchem die bisherige
Theorie in Bezug auf diese Doppelbildungen führt. Ihr zu
Folge sind es nicht zwei verschiedene Präteritalbildungen
einer und derselben Wurzel, die wir vor uns haben, sondern zwei primäre Infinitivformen mit einem einzigen abgeleiteten Imperativ oder Aorist (unserer Wurzel). Es muss
sich dabei nothwendigerweise die Frage aufdrängen, von
welcher der beiden Infinitivformen der Imperativ gebildet
sein soll? Dass von einer stichhältigen Beantwortung dieser
Frage nicht im entferntesten die Rede sein könne, versteht
sich von selbst; und sie wurde auch von unseren Grammatikern eigentlich nicht versucht. Doch ist es nicht ohne
Interesse, zu hören, wie die persischen Grammatiker darüber
dachten. Diese erklären, dass von den zwei verschiedenen
Infinitivformen eines und desselben Verbums jene mit dem
harten Ausgange تن die ursprüngliche sei und von dieser
der Imperativ auf unregelmässige Weise gebildet werde,
von welchem wieder durch Anhängung des weichen Ausganges دن mit eingeschaltetem ى die zweite Infinitivform
geschaffen sei, daher sie selbe auch das مصدر جعلى, die

nachgebildete oder nachgeschaffene Infinitivform, nennen. Es braucht nicht erst gesagt zu werden, dass diese Erklärung noch widersinniger ist als der aufgestellte Grundsatz, um dessen Erklärung es sich hier handelt. Ganz richtig bemerkt Geitlin am Schlusse der Classification, S. 51, Obs. 2: „Imperativi ex supra allatis non pauci, qui irregulares esse videntur, regulariter formari possunt ex aliis Infinitivi formis, quae itidem in usu sunt; ita e. ‏نب‎ (Imperativus ta, ‏سفتن‎) regulariter oritur e ‏سنيدن‎, ‏كوشدن‎ e (‏كفتن‎) ‏كوى‎, ‏تابيدن‎ e (‏تافتن‎) ‏تاب‎". Und wenn er dabei im Hinblick auf die Erklärung der persischen Grammatiker noch als zweifelhaft hinstellen zu sollen glaubte, ob diese Imperative von den Infinitiven auf ‏بدن‎, oder letztere von den unregelmässigen Imperativen abgeleitet seien, so haben wir hingegen auf Grund der entwickelten Principien es als eine erwiesene Thatsache zu betrachten, dass nicht nur die Infinitive auf ‏بدن‎, sondern auch die auf den Ausgang ‏تن‎ von der Wurzel, dem vermeintlichen Imperativ, gebildet sind, und es handelt sich nur noch um die Entscheidung der Frage, welche dieser beiden Bildungsformen die ursprünglichere sei?

Diese Entscheidung kann nicht lange zweifelhaft sein; wir finden sie schon von Geitlin angedeutet, welcher mit jener richtigen Beurtheilung, die wir wiederholt an ihm zu ehren in dem Falle waren, S. 50, Obs. 1. sagt: „Ex jam allatis patet, Infinitivum exire aut in ‏دن‎ ant in ‏تن‎; veri autem simillimum est, omnium infinitivorum propriam atque originariam terminationem esse ‏دن‎, hanc vero praecedentibus duris consonantibus ‏خ‎, ‏س‎, ‏ش‎ et ‏ف‎ ob euphoniam transiisse in ‏تن‎; ubi enim praecedunt molles litterae: ‏ا‎, ‏ر‎, ‏ز‎, ‏م‎, ‏ن‎, ‏و‎, et ‏ى‎ originaria eademque lenior semper manet terminatio infinitivi". Es fehlt uns auch nicht an Beweismitteln, um das Angedeutete fest zu begründen. Wir brauchen nur die auf dem Wege der beiden verschiedenen Vermittlungsprocesse gewonnenen Präteritalformen einer und derselben Verbalwurzel gegen einander zu halten, um zu erkennen, dass die auf د ursprünglicher als jene auf ت sei; denn der consonantische Vermittlungsprocess zeigt in der Regel eine bedeutendere Veränderung der Wurzel, als dies bei dem rein vocalischen der Fall ist. Eine weitere Bestätigung hiefür finden wir in dem Umstande, dass eine weit grössere Anzahl von Wurzeln ihr Verbalnomen der Vergangenheit durch reinen Anschluss des د als mit jenem des ت bilden, und dass überhaupt die überwiegende Mehrzahl der Wurzeln von den verschiedenartigsten Ausgängen die Bildungsform د mit eingeschaltetem ى annehmen, während nur eine verhältnissmässig geringe Menge derselben von gewissen Ausgängen der Bildungsform mit ت folgen. Endlich sehen wir auch, dass die von einem Nomen abgeleiteten Zeitwörter ihr Verbalnomen der Vergangenheit ausschliessend durch Anhängung des د mit eingeschaltetem ى bilden, und dass des Gleiche auch bei den Causalverben auf ان der Fall ist, insoferne wir nicht, was ebenfalls sehr häufig vorkommt, bei denselben reinen Anschluss des د finden. Das einzige Causalverbum نشان setzen, macht eine Ausnahme hievon insoweit, dass es neben den Formen نشاند und تشاند auch نشاست und نشانست aufzuweisen hat; was sich wohl in der Art erklären lässt, dass es, gleichsam die Natur eines Causalverbums verläugnend, bei der Bildung des Verbalnomens der Vergangenheit den consonantischen Vermittlungsprocess mit eingeschalteten س in beiderlei Richtung, nämlich mit

Beibehaltung oder Abwerfung des ن befolgt, wie دان und
دانست, und wieder شکن und شکست.

Eine andere, subtilere, und desshalb auch nicht so
leicht zu entscheidende Frage ist die, ob bei dem Bildungsprocesse mit د der reine Anschluss desselben oder jener
mit dem Bindevocal ی ursprünglicher sei? Auf den ersten
Anblick dürfte nichts natürlicher erscheinen, als anzunehmen, dass die Bildungsform mit reinem د ursprünglicher
als jene mit dem eingeschobenen ی sei. Hiefür spräche
namentlich der Parallelismus der Formen د und ت, wobei
die vocalische Verbindung bei dem ersteren sich als ein
neuhinzugetretenes Moment betrachten liesse; und von
diesem Gesichtspunkte aus würden sich folgende Grundsätze für den Bildungsprocess mit د aufstellen lassen:

1. Der reine Anschluss desselben, theils ohne irgend
eine Veränderung der Wurzel, theils mit Umlautung des
Vocals oder Abwerfung des Schlussconsonanten ن.

2. Der Anschluss desselben mit dem Bindevocal ی,
und in wenigen Beispielen mit ا.

Bei näherem Eingehen in die Sache zeigt sich jedoch,
dass diese Gliederung eine ganz verfehlte wäre. Denn
wenn wir die einzelnen Anwendungsfälle der einen und der
anderen Art durchgehen, so sehen wir, dass sie sich in
folgendem Verhältnisse zu einander gestalten:

Ad 1. Der reine Anschluss des د findet Statt *a)* ohne
Veränderung des Verbalthemas bei den Wurzeln mit dem
Ausgange auf ا, ر, ن; *b)* mit Umlautung des Vocales bei
Wurzeln mit dem Ausgange auf ا, و-, ر-; *c)* mit Abwer-
fung des Consonanten ن bei einigen mit diesem schliessen-
den Wurzeln.

Ad 2. Der Anschluss des د mit dem Bindevocal ى greift Platz a) bei Wurzeln von allen wie immer gearteten Ausgängen, b) mit dem Bindevocal ا bloss bei drei Wurzeln mit dem Ausgange auf ت und bei zweien mit dem Ausgange auf ه.

Die Formation sub 2, a) verräth somit den anderen gegenüber eine ganz allgemeine Anwendung, indem sie für Wurzeln von allen wie immer gearteten Ausgängen gilt, während die übrigen Formationen nur Wurzeln von gewissen Ausgängen eigen sind. Diese letzteren sind demnach vielmehr als Nebenarten der ersteren zu betrachten und von dem so veränderten Gesichtspunkte werden wir die Gesetze des Bildungsprocesses mit د in folgender Gliederung zu fassen haben:

1. Anschluss des Charakterlautes د mit vocalischer Verbindung und zwar: a) allgemeine Formation mit ى bei Wurzeln von allen wie immer gearteten Ausgängen; b) Nebenformation mit ا bei Wurzeln mit den Ausgängen ت und ه.

2. Anschluss des د ohne Bindevocal, und zwar: a) ohne Veränderung des Verbalthemas bei Wurzeln mit den Ausgängen auf ا, ر, ن; b) mit Umlautung des Vocals bei Wurzeln mit den Ausgängen auf ا, و, ر; c) mit Abwerfung des Schlussconsonanten ن bei Wurzeln mit diesem Ausgange.

Für diese Gliederung, in welcher die Formation mit dem Bindevocal ى als das allgemeinste Bildungsgesetz obenan gestellt wird, sprechen auch noch die früher in anderer Richtung geltend gemachten Umstände, dass die gedachte Formation der weit überwiegenden Mehrzahl der Zeitwörter eigen ist, dass wir sie auch bei Wurzeln finden, welche eine der anderen Formationen mit د oder ت

befolgen und dass sie bei den von einem Nomen abgeleiteten Zeitwörtern, so wie bei Causalverben fast ausschliessend, nämlich bis auf den bei den letzteren auch üblichen bindevocallosen Anschluss, Anwendung findet, welches allein sie zur primitiven Bildungsform zu stempeln geeignet ist. Was den Parallelismus der Formen د und ت betrifft, so wird er dadurch nicht gestört, sondern er findet vielmehr, wie wir später sehen werden, erst darin seine wahre Begründung.

Wir wollen nun zu dem zweiten oder dem consonantischen Bildungsprocess übergehen, und für diesen in gleicher Art feste Grundsätze aufzustellen versuchen. Der einfachste Vorgang schiene wohl der zu sein, den reinen Anschluss des ت an die Spitze zu stellen, daran die vier Assimilationsprocesse in ف, خ, ش und س anzureihen und schliesslich die Formation mit dem eingeschobenen Consonanten س in ihren beiden Unterarten mit oder ohne Bindevocal folgen zu lassen.

Der reine Anschluss des ت, welchen wir bloss bei wenigen Wurzeln mit den Ausgängen auf ف und ش finden, ist jedoch keineswegs als eine selbstständige Formation, sondern vielmehr als eine Abart der bindevocallosen Anschlussform mit د anzusehen. Die Abschwächung des د zu ت erklärt sich leicht durch den Einfluss der scharfen Consonanten ف und ش, welchen es unmittelbar angehängt wird. So bei باف weben: statt بافِد, durch engeren Anschluss بافْد, und wegen der durch das scharfe ف bedingten Euphonie بافْت, bei هِش herablassen: statt هِشْد — هِنْد und dann هِشْت. In gleicher Art sind die Uebergänge des consonantischen Auslautes der Wurzeln grossentheils nur das Werk dieser innigeren Verschmelzung derselben mit dem primitiven Charakterlaute د, wie dies in einzelnen Fällen bald mehr, bald weniger anschaulich hervortritt. Namentlich ist solches bei der Veränderung der Wurzelausgänge ب, و, نب, سب in ف der Fall, und lässt sich auch fast durchgehends bei den Uebergängen des ز, ش, س und ج in خ, ferner des ز und س in ش zur Geltung bringen. Hiemit ist aber auch die äusserste Grenze gesteckt, über welche hinaus wir eben so wenig von einer Assimilation als von einem Parallelismus der Formen د und ت sprechen können; denn bei näherer Prüfung der weiteren Veränderungen, welche an den consonantischen Ausgängen der Wurzeln bei dem Anschlusse des ت vor sich gehen, finden wir, dass uns kein Anhaltspunkt gegeben ist, um in ihnen eine Lautassimilation zu erkennen. Es hält sehr schwer die Uebergänge des ر und رد in ش für eine solche zu erklären, und noch weniger kann dies von den Uebergängen des ه, ن und ند in س gelten. Ja die letztgedachten Uebergänge lassen sich füglicher Weise nur durch die Formation mit dem eingeschalteten س und zwar in der Art erklären, dass der Schlussconsonant der Wurzel vor dem Formationsbuchstaben weggefallen wäre. Wir finden einen Beleg hiefür in dem causalen Verbalstamm نشان, welcher, wie schon früher bemerkt wurde, neben den primitiven Formationen des Verbalnomens der Vergangenheit نشاند und نشاند auch noch zwei geschwächte Formationen نشانست und نشاست besitzt. Wir haben daher allen Grund, einen gleichen Process auch bei den anderen mit ن schliessenden Wurzeln, sowie bei jenen mit den Ausgängen ند und ه vorauszusetzen. Der Ausgang ند zeigt sich überhaupt in der Formation = ن, sowie jener des رد = ر, und wir werden weiter unten den Erklärungsgrund hinfür angeben. Das ه ist ein feiner Mitlaut, dessen Wegfallen hier um so begreiflicher ist, als wir ihn auch sonst als Schlussconsonanten eines Wortes entfallen sehen, wie in كَا = كَاه Kraut. Dieselbe Betrachtung muss sich auch rücksichtlich des Ueberganges des ر und رد in ش wegen der nahen Verwandtschaft des letztgedachten Lautes mit س aufdrängen; wenigstens liegt eine solche Annahme im Hinblick auf das Obige sehr nahe.

Wenn wir weiter die Formation mit dem eingeschobenen س für sich aufmerksam betrachten, so lässt sich nicht verkennen, dass wir in ihr nicht mehr den Parallelismus der Formen د und ت, sondern vielmehr jenen des د und ست finden. Einen unwiderlegbaren Beweis hiefür gibt uns die Wurzel رين sich entleeren, mit ihren beiden Präteritalformen رد und رست. An beiden gewahren wir die Elision des ن und in der einen das د, in der anderen dagegen das ست als Bildungscharakter der Vergangenheit. Eine Bestätigung des letzteren Momentes liefert auch noch die Wurzel خاى kauen, mit ihren beiden Präteritalformen خائد und خائست. Noch mehr, bei einem fortschreitenden Vergleiche der einzelnen Bildungsfälle auf ست mit jenen auf د finden wir in allem und jedem den vollständigsten Parallelismus der Formen ausgesprochen. Der allgemeinen Formation auf بد entspricht hier die auf ست mit dem Bindevocal ◌َ wie دانست; wir gewahren auch نكرد ست mit dem Bindevocal ى, so wie andrerseits auch bei dem Bildungsprocesse mit د mitunter der Bindevocal ◌َ vorkommt, so: جوشد neben جوشيد von der Wurzel جوش saugen, شاشد neben شاشيد von der Wurzel شاش Wasser abschlagen. Doch scheint es als Regel zu gelten, dass der Bindevocal bei dem د langes ى und bei dem ست kurzes ‒ sei. Der Nebenformation mit dem Bindevocal ا entspricht hier die auf ست mit dem Bindevocal ‒ wie بارَست. Den engeren Anschlussformen ohne Bindevocal entspricht hier reines ست, ohne Wurzelveränderung in: آراست von آرا, mit vocalischer Veränderung an der Wurzel in: جُست von جو, und mit der Elision des ن in: شکست von شکن, wie oben in: ریست von رین. Selbst die minder regelmässigen Formen, wie: داد von ده, سَند von ستان finden hier ihre treuen Gegenbilder in جُست von جه und نِشَت von نِشین.

Die engeren (bindevocallosen) Anschlussformen des Charakterlautes د beschränken sich in ihrer Anwendung auf die Wurzeln, welche vocalisch oder auf ن und ر auslauten. Rücksichtlich der engeren Anschlussformen des ست herrscht wohl ein anderes Verhältniss, jedoch nur in so weit als dies die Natur der Laute und des Sprachbaues bedingt. Wir finden sie eigentlich nur bei den Wurzeln mit vocalischem Ausgange oder mit schliessendem ه, welches, wie wir schon zu bemerken Gelegenheit hatten, dem vocalischen Auslaute oder vielmehr dem, diesem anhängenden ی gleich zu betrachten ist. Von خواه wollen haben wir eine ähnliche engere Anschlussform خواست, wie von (ی)آرا zieren: آراست; und andererseits sehen wir von نه legen: نِهست, wie von خای kauen: خایست, wo nämlich das ه gleich dem ی beibehalten und der Bindevocal daran gehängt wird. Bei den mit ن schliessenden Wurzeln stehen dem Anschlusse des ست ohne vocalischen Vorschlag die euphonischen Gesetze des persischen

Sprachbaues entgegen, daher wir bei denselben nur die Formationen mit vocalischer Verbindung oder mit der Elision des ن angewendet sehen. Dieselben euphonischen Gesetze machen auch den engeren Anschluss des ست an die mit ر schliessenden Wurzeln unmöglich; doch liegt hier die Annahme so nahe, dass die Formation شت bei den auf ر ausgehenden Wurzeln nicht anders als durch die Zusammenziehung des ر und س in ش entstanden sei, nämlich von کار statt داشت: دارست u. s. w. von دار statt کاشت: کارست.

In der Art aufgefasst, hilft die Formation شت eine wichtige Lücke in dem Parallelismus der Formen د und ست auszufüllen, dessen Thatsächlichkeit dadurch nur um so mehr hervortritt. Dieser Parallelismus der Formen د und ست spricht sich auch noch in einem anderen bisher eben so wenig beachteten Falle, nämlich in der Nominalderivation, aus. Ich meine die beiden Derivationssuffixe دان und ستان, welche bekanntlich räumliche oder örtliche Bedeutung mit sich führen, und von dem Worte, welchem sie angehängt werden, ein Collectivnomen mit der Begriffsbestimmung eines Ortes, Raumes oder Gefässes bilden. Das Derivationssuffix ستان scheint mir übrigens unter Umständen auch zeitbestimmend zu wirken, so in den Wörtern: تابستان Sommer, زمستان Winter u. s. w. Es fehlt nicht an Erklärungen über den Ursprung und die Bedeutung dieser zwei Derivativformen, denen ich jedoch auf meinem Standpunkte nicht beipflichten kann. Pott will in seinen „Etymologischen Forschungen" (Bd. I, S. 186, Nr. 9) das دان von der Sanscritwurzel dhâ „ponere" oder dâ „dare" abgeleitet wissen, während Chodzko in seiner Grammatik (S. 87, Nr. 171) das ستان für eine Ableitung vom Verbum استادن stehen ansieht und es für das von Burnouf im Zend aufgefundenen ستانه (stâna, lieu) erklärt, welches dieser (V. Commentaire sur le Yaçna, Notices et Extraits p. LIII.) der Sanscrit-Wurzel sthâ (stare) zuweist. Diese beiden Erklärungen sind allerdings sinnig gewählt und von einer im hohen Grade bestechenden Wirkung; aber sie sind mehr kühn als richtig. Ihnen zufolge läge der Orts- und beziehungsweise Zeitbegriff, welchen die Formative دان und ستان in sich schliessen, hauptsächlich in den consonantischen Anlauten د und ست oder allenfalls in der Gesammtheit der Laute. Meines Erachtens ist dies jedoch durchaus nicht der Fall; ich glaube vielmehr, dass die fragliche Begriffsbestimmung bloss der Ausgangssylbe ‍َان angehört, wie so viele Länder- und Städtenamen, so wie andere Wörter darauf hinweisen. Chodzko erklärt in seiner Grammatik S. 88 Nr. 172, von gebildeten Persern versichert worden zu sein, dass in früherer Zeit die Formation des Plurals auf ‍َان einem Worte angehängt, diesem dieselbe geographische Namensbedeutung wie die Formation ستان verlieh. Ich kann meinerseits nur hinzufügen, dieselbe Erklärung über den Ursprung der meisten Länder- und Städtenamen aus dem Munde der Perser vernommen und stets bewährt gefunden zu haben. In den Namen ایران das Land der Iren, توران das Land der Turen, so wie in anderen geographischen Namen, finden wir unverkennbare Belege hiefür. Ich begnüge mich, hier nur noch اصفهان anzuführen, worin ich nicht wie Lassen und mit ihm Pott eine Ableitung von اسب Pferd, mit der Bedeutung ἱπποςασια Pferdestadt, sondern von سپاه Heer, auch اساه wie سه und سپاه, in der Bedeutung Heeresstadt erkenne. Die phonetische und graphische Verschiedenheit zwischen اصفهان und سپاه findet sich durch ein anderes verwandtes Wort, اصفهبد Heerführer, Herzog, (dann Titel der einstigen Fürsten von Taberistan) hinlänglich erklärt. Ich glaube aber noch weiter als Chodzko gehen zu sollen und dies mit Recht thun zu können; nicht allein in geographischen Namen, sondern auch in anderen Wörtern des persischen Sprachschatzes finden wir Beispiele der Bildung derartiger Collectivbegriffe. Es genügt in dieser Beziehung auf Wörter wie بابان die Wüste, d. i. das wasserlose, wo alles ohne Wasser ist, بهاران Frühlingszeit, wo überall Frühling athmet, جانان Liebchen, woran die ganze Seele hängt, hinzuweisen. Ich zähle aber auch noch hieher mehrere von Verbalwurzeln abgeleitete Wörter auf ان, welche sonst für Gerundivparticipien gelten, wie جهان die Welt, wo alles springt, spriesst und sprosst, خزان der Herbst, wo alles sich entlaubt; nicht minder die Zusammensetzungen موكنان Trauer, Verzweiflung, wörtlich: wo alles sich die Haare ausrauft, خلعت پوشان Festlichkeit der Betheilung mit Ehrenkleidern, i. e. wo alles mit Ehrenkleidern betheilt wird, برك ريزان Herbst, wo alle Blätter abfallen, آب ريزان, ein altes Fest, an welchem man sich gegenseitig mit Wasser oder Rosenöl besprengte, آب پاشان, in gleicher Bedeutung, مرد كيران, ebenfalls ein altes Fest, an welchem die Frauen über die Männer herrschten, und diese sich ihrem Willen fügen mussten, ähnlich dem Feste der Römer, an welchem die Herren ihre Sclaven bedienten. Dass in diesen Wörtern die Ausgangssylbe ان nicht das Formativ des Gerundivparticips, sondern die zur örtlichen und zeitlichen Begriffsbestimmung gewordene Pluralbeugung ist, zeigt sich deutlich in dem uns zu آب ريزان

erhaltenen Seitenstücke آب ریزکان, welches die Pluralform von آب ریزه ist.

Die obigen Betrachtungen drängen unwillkürlich zu dem Schlusse, dass in den Formativen دان und ستان die Bildungssylbe ‍َان das eigentliche Moment sei, und dass diese allein ihnen und beziehungsweise den mit Hülfe derselben sich entwickelnden Collectivwörtern jene Begriffsbestimmung des Ortes, der Räumlichkeit und der Zeit verleihe. Ihre consonantischen Anlaute د und ست sind nichts anderes als die Charakterlaute, deren Parallelismus bei der Bildung des Präteritalstammes der Zeitwörter wir oben besprochen haben. Dass ihnen auch in dieser ihrer Verbindung mit der Formationssylbe ‍َان der Zeitbegriff der Vergangenheit anklebe, oder doch ursprünglich angeklebt habe, glaube ich wohl annehmen zu können. Denn wenn mit Anhängung des ‍َان die Bezeichnung für einen Ort etc. gewonnen wird, der reich an irgend etwas ist, so ist nichts natürlicher, als dass mit Hülfe des دان und ستان ein Ort u. s. w. bezeichnet würde, der reich an irgend etwas war. Es scheinen mir alle Anzeichen vorhanden zu sein, dass die Laute د und ست nicht bloss den Verbalwurzeln zur Bildung des Präteritalstammes, sondern allen Wörtern insgemein in ähnlicher Richtung dienstbar geworden. Dies ist aber ein Gegenstand, dessen Behandlung uns zu weit von unserem Wege ablenken würde, und den ich daher bei einer anderen Gelegenheit zu erörtern mir vorbehalte. Es ist übrigens leicht denkbar, dass, wie dies überhaupt bei den Ableitungsformen der Fall ist, auch hier im Laufe der Zeit eine Verflachung der ursprünglichen Bedeutung eingetreten wäre. Ich verweise in dieser Beziehung auf die zwei Verbalflexionen der dritten Person Singularis د und ست, $e-d$ und $e-st$, in denen wir denselben Parallelismus ausgesprochen finden, und von denen die erstere ausschliessend im Präsens, die andere aber als selbstständige Form „ist" im Präsens und als Personalbeugung im Perfectum zur Anwendung kommt. Ob und in wie weit solches hier wirklich der Fall gewesen, können nur weitere glückliche Forschungen lehren. Ich muss nur noch einem Einwurfe begegnen, der in phonetischer Richtung gemacht werden könnte. Man möchte etwa gegen den von mir aufgestellten Parallelismus der Formen دان und ستان einwenden, dass diese letztere die vocalische Verbindung ־ِ habe, während die erstere stets ohne solche vorkomme, und dass daher entweder dem دان das ستان ohne vorgängigen Bindevocal, oder dem سْتَان ־ das دان mit dem Bindevocal ى oder doch mit ־ِ gegenüber zu stehen hätte. In dieser Beziehung brauche ich nur zu bemerken, dass bei ستان die vocalische Verbindung ־ِ gewöhnlich bloss der Euphonie halber auftritt, und dass sie in der Poesie meistens wieder ausgestossen wird, oder richtiger gesagt, gar nicht zur Geltung kommt. So gilt namentlich كلستان = ‿ – ‿ – nämlich für *gul-s-tan*, und nicht ‿ ‿ –, was *gu-lis-tan* gäbe. Eben so gibt uns خرماستان Dattelland, ein Beispiel des bindevocallosen Anschlusses des Formatives ستان. Ich möchte in diesem Umstande nur einen neuen Beleg für die Richtigkeit meiner Erklärung erblicken; denn er zeigt uns gerade, wie die Doppelformationen, welche wir vor uns haben, selbst dem allerstrengsten Massstabe der Prüfung und Beurtheilung Stand halten. Sie tragen ein so festes Gepräge des Zusammenhanges in Laut und Bedeutung, dass es unmöglich wird, sie von einander zu trennen und in ihnen ein Verschiedenartiges zu suchen.

Wir wollen wieder dorthin zurückkehren, wo wir den Parallelismus des د und ست verlassen haben. Können wir, sollen wir ihn noch weiter ausdehnen? Es liegen allerdings noch hier und da einzelne Beispiele vor, welche uns verleiten könnten, dieser formellen Bedeutung des ست eine grössere Tragweite zu geben, und wenn wir uns darin einem überschiessenden Eifer hingeben würden, möchten wir leicht zum Schlusse gelangen, dass der Bildungsprocess mit ت jenem des ست seinen Ursprung verdanke. Wir finden neben كوفت von كوب stossen, auch كوست und كست, neben كريفت von كريز fliehen, neben خليد von خل kriechen خست, neben ماليد von مال wischen مُشت (moucher), neben هليد von هل herablassen هشت, neben كليد von كل brechen كسيخت und كيست. In diesen Beispielen scheinen die Buchstaben س, خ, ف und ش einander gleichsam zu vertreten und man könnte sich etwa zu der Vermuthung hinreissen lassen, dass das س überall der Grundlaut sei, welcher bald in diesen bald in jenen der anderen drei Buchstaben übergehe, bald auch den Radical ganz verdränge. Doch haben wir hiefür weder sichere Anhaltspunkte, noch liegt in dem Parallelismus des د und ست a priori eine Aufforderung zu solchem gewagten Schlusse vor. Wir haben früher gesehen, dass dieser sich nicht weiter als über die Präteritalformen jener Wurzeln erstreckt, welche vocalisch auslauten oder mit den consonantischen Ausgängen auf ر, ن, und ه schliessen. Hier haben wir es aber mit Wurzeln von ganz anderen Ausgängen zu thun. Ich glaube daher vielmehr, alles das, was über jene Grenzen hinausgeht, für reine Assimilationsprocesse halten zu sollen. Nur in Bezug auf die mit ل

schliessenden Wurzeln würde ich theilweise einer Ausnahme Raum geben, und dies aus einem sehr triftigen Grunde. Die Verwandtschaft des *l* mit dem *r* und der Umstand, dass der erstere Laut der altpersischen Sprache abging und desshalb auch in dem frühesten Zendalphabete fehlt, lassen in demselben ein ursprüngliches *r* vermuthen. So dürften denn die Formationen هشت, مشت u. s. w. durch eine Verschmelzung des ل und س, ursprünglich ر und س, in ش entstanden sein, wie wir bei den mit ر schliessenden Wurzeln bemerkt haben. Bei خست von خل und کِشْت von کل, wäre demgemäss eher eine Elision des ل als ein Übergang desselben in س anzunehmen; کسیخت lässt sich weder auf die eine noch die andere Art befriedigend erklären.

Bei allen sonstigen Formationen sehen wir hingegen den Assimilationsprocess entschieden ausgesprochen. In der ganzen Schaar der mit dem Labialbuchstaben ب schliessenden Wurzeln, wie: تاب, تافت zeigt sich eine Assimilation desselben zu ف, bei سب, سفت und خب, خفت, begleitet von der Ausscheidung des dem Labialbuchstaben vorangehenden Lautes ن und respective س; der gleichen Assimilation unterliegt das quiescirende و der damit auslautenden Wurzel گو—گفت, wofür in dem Worte کُب das Wort, so wie in کُب der Mund und in einer zweiten Infinitivform کُفْن, der einzigen dieser Art, ein genügender Erklärungsgrund gegeben ist. Hieher gehören auch گرفت گیر und پذیرفت پذیر, welche schon früher ihre Erklärung erhalten haben. In der langen Reihe der mit ز schliessenden Wurzeln, wie ساز ساخت, sehen wir einen Übergang des ز in خ, und damit hängen die Übergänge des چ und ج

in خ zusammen, da im Parsi sehr häufig das ج die Stelle des ز vertritt. Das consequente Umschlagen des ز in خ, so befremdend es für den ersten Augenblick erscheinen mag, findet seine Erklärung in einer ursprünglichen Verwandtschaft desselben mit dem غ, welche sich bis heute noch in mehreren Wörtern erhalten hat, so آمیز=آمیغ, etc. کریز=کریغ, ستیز=ستیغ, افروز=افروغ, اناز=اناغ. Hingegen zeigt خست خز eine Abschwächung des ز zu س, in gleicher Art خبز خاست mit gleichzeitigem Umlaut des ی in ا, افراز افراشت, eine Abschwächung des ز zu ش. Bei لشت لیس, نوشت نویس, رشت ریس sehen wir einen Übergang des س in ش mit Verkürzung des Vocals; bei فروخت فروش, دوخت دوش, einen Übergang des ش in خ. Bestimmte Gesetze der Assimilation lassen sich in einigen Fällen nicht aufstellen. Wir haben hier mitunter Abschwächungen und Übergänge der Laute vor uns, welche durch stärker eingreifende Zusammenziehungen entstehen, oder sich bloss nach dem schwankenden Einflusse der Euphonie richten. Sie sind daher vielmehr als eigentliche Unregelmässigkeiten des Bildungsprocesses zu betrachten, welche geordnet, aber nicht unter allgemeine Regeln gebracht werden können.

Noch ein wichtiges Bildungselement habe ich zu behandeln, welches bisher von unseren Grammatikern gar nicht beachtet worden ist; dies ist die Herabstimmung entwickelter Präteritalstämme zu secundären Wurzeln in Verbindung mit After-Präteritalbildungen derselben. Hieher gehören vor Allem die Wurzeln mit dem Ausgange auf رد und ند, als: کرد werden, نورد treten, بند binden,

پیوند anhangen, bei denen der Schlussconsonant د nicht radical, sondern vielmehr der Charakterlaut der Vergangenheit ist. Dass dem so sei, sehen wir bei نورد augenfällig aus den noch erhaltenen Infinitivformen نوردن und نوریدن, welche eine Wurzel نور voraussetzen lassen. Einen schlagenden Beleg hiefür gibt auch das Wort بنده der Sclave, wörtlich: der Gebundene, welches nur von diesem Gesichtspunkte, nämlich als gleichbedeutend mit بسته seine eigenthümliche und wahre Erklärung erhält; desgleichen پسنده, welches wie پسندیده belobt, löblich bedeutet. So erklärt sich weiter die auffallende Übereinstimmung der abgeschwächten Präteritalformen derselben auf شت und ست mit jenen der auf ر und ن allein ausgehenden Wurzeln. پیوست بست نوشت کشت sind somit abgeschwächte Präteritalformen der ursprünglichen Wurzeln پیون بن نور کر, deren eigentliche Präteritalformen پیوند بند نورد کرد nunmehr secundäre Wurzeln sind, und von denen die ersteren drei die Afterbildungen بندید نوردید کردید aufzuweisen haben. خند lachen, گند stinken, پسند loben, welche ich nicht minder für secundäre Wurzeln, wie die anderen, halte, haben nur die After-Präteritalformen پسندید گندید خندید; ihre abgeschwächten Präteritalformen auf ست, wenn solche je bestanden haben, sind verloren gegangen.

Mit Hilfe dieses Doppelprocesses, und nur durch ihn allein vermögen wir die anomale Bildung des Präteritalstammes دید von der Wurzel بین sehen, zu erklären. Pott bemerkt in seinen „Etymolog. Forschungen", Bd. I, S. 246, der Infinitiv دیدن sei durch Aphärese der Buchstaben *wi* der Sanscritwurzel *wid* entstanden. Doch bleibt er uns die Erklärung schuldig, wie solches geschehen sei, und in welchem Zusammenhange damit die Präsensform بين stehe. In der That würde sie sich auch auf diesem Wege nicht durchführen lassen; man müsste denn zu dem verzweifelten Mittel greifen, بين durch eine anderweitige Verstümmelung der Sanscritwurzel *wid*, nämlich durch Abwerfung des Schlussconsonanten *d* derselben, zu erklären, wodurch der organische Zusammenhang zwischen Wurzel und Präteritalstamm gestört würde. Wir haben hingegen in der Elision des wurzelhaften ن und dem Afterbildungsprocess des Präteritums den Doppelschlüssel zur Erklärung jener Anomalie. Von بين musste der ursprüngliche Präteritalstamm, mit Elision des ن, بي gelautet haben; durch die Afterbildung des Präteritums entstand بيد, und aus diesem dur Aphärese des بى = dem Sanscrit *wi*, دد. Wenn es auch meines Erachtens hiefür keiner anderen Beweise bedarf, so will ich doch jene Belege anführen, welche uns die Sprache bis auf den heutigen Tag aufbewahrt hat, und die den obigen Vorgang ausser allen Zweifel stellen. Wir finden ودا und وَنْدا, zwei Ausdrücke, welche mit شدا und هُوَنْدا ersichtlich, gleichbedeutend sind. ودا ist offenbar ein von der secundären Wurzel ود mittelst des Formativs ا= gebildetes Participialnomen, ähnlich wie دانا der Weise, von دان wissen, ودا und وَنْدا haben übrigens auch noch eine andere, der früheren entgegengesetzte, Bedeutung, nämlich die des unsichtbar, abwesend, mangelhaft sein — ein Fall, der so oft vorkommt und von den Lexicographen mit dem Terminus از اضداد, Contrarietät der Bedeutungen, bezeichnet wird. In dieser letzteren Bedeutung allein gebraucht, erscheinen die ihnen verwandten Formen وِبده, وَنْده, وَنْديد, وِبدن, وَنْدن und وِبديدن.

Es wäre leicht möglich, dass der Unterschied der Bedeutungen mit der Zeit in der einen Richtung zur Aphärese des وی = بی geführt habe. Wir haben aber auch in بَدِيد und بَدِدار, welche beide ersichtlich bedeuten, zwei noch ohne Aphärese des بی erhaltene, wiewohl nicht von aller Verstümmelung freigebliebene Afterbildungen derselben Wurzel, die sich zu وبديد und وبديدار, ähnlich wie بِدا zu وِبدا verhalten. Am schlagendsten spricht aber das heutige بدار wach, besonnen, welches sich hiemit als eine von dem eigentlichen Präteritalstamme بد, mit Anhängung des Formativs ار, gebildete Nominalform erklärt, wie دادار von داد Wurzel دِه.

So erklären sich weiter die früher besprochenen Anschlussformen ست und شت als abgeschwächte Formen der Afterpräteritalbildungen ديد und رديد, so wie der Parallelismus derselben mit dem einfachen Präteritalcharakter د.

In gleicher Art bemerken wir secundäre Wurzeln mit dem Ausgange auf ت; hieher gehören namentlich خفت schlafen und نهفت verbergen. Die persischen Lexicographen und unsere Grammatiker, welche bekanntlich den Infinitiv zum Ausgangspunkt der Deduction nehmen, erklären, dass die beiden Zeitwörter خفتن und نهفتن den Infinitivus Apocopatus zugleich als Imperativform aufzuweisen haben, was so viel heisst, als dass Wurzel und Präteritalstamm bei ihnen gleich wären. Im Siebenmeer wird dieses auch vom Verbum سفتن bohren behauptet. Was die Formen خفت und سفت anbelangt, die wir bereits als abgeschwächte Präteritalbildungen von خواب oder خسب

und سنب kennen gelernt haben, so braucht es nicht erst bewiesen zu werden, dass sie in der Anwendung als Präsensformen secundäre Wurzeln sind; von خفت finden wir auch die After-Präteritalbildung خفتید. Nur bezüglich der Form نهفت muss erst der Beweis geliefert werden. Von dieser liegt uns die ursprüngliche Wurzel nicht vor; das hiefür von Chodzko in seiner Grammatik, S. 46, angegebene نهوف habe ich nie mit meinem Ohre vernommen, und eben so wenig in irgend welchem Wörterbuche verzeichnet gefunden. Doch fehlt es nicht an unverkennbaren Bildungsformen jener verloren gegangenen Wurzel, wie: نهنان und نهبن Deckel, dann نهنبده verborgen, geheim, welche unzweifelhaft darauf hinweisen, dass die Wurzel auf den Labialbuchstaben ب ausging, von welcher auf Grund der Assimilation die abgeschwächte Präteritalform نهفت entstand. Im Parsi finden wir auch die Wurzel selbst erhalten, vgl. Spiegel, „Grammatik der Parsisprache", S. 97, Nr. 16: ᛋᛖᛖᛗ. Wir sehen weiter شکت verwundert sein, mit شکفتد, wovon das erstere die abgeschwächte Präteritalform der Wurzel شکب mit verkürztem Vocal, und das letztere die After-Präteritalform derselben ist. شفت verwunden, Leid zufügen, mit شفت und شفتد von der Wurzel شیب bildet ein Seitenstück zu خفت und خفتید. Im Hinblick auf das Obige scheint es mir auch nicht allzugewagt zu sein, in den Wurzeln پرست verehren, pflegen, ایست oder ایست stehen, فرست senden, اوفت oder افت fallen, einstige Präteritalformen zu erkennen, und ihre heutigen Präteritalformen پرستد استاد und ایستاد, فرستاد und اوفتاد افتاد für Afterbildungen derselben zu erklären. Bei پرست sehen wir پرسته = پرسنده, wie bei

. يد – بين von بيدار = پرستار, dann بسته = بنده ein بند‎ بند‎
Bei فرست‎ wäre das in der Volkssprache gebräuchliche
فرس‎ als Wurzel anzunehmen, und von diesem dürfte auch
das Wort فرشته‎, auch فرشته‎ Engel, in der Bedeutung
Abgesandter, abgeleitet sein, wie von رس‎ spinnen,
فرستاده‎ = رشته‎; wir haben weiter auch رشته‎ und رشت‎.
Ich kann hiebei nicht unerwähnt lassen, dass der gemeine
Perser, in gleicher Art wie er statt فرست‎ das ursprünglichere فرس‎ setzt, überhaupt das ت‎ und د‎ der secundären Verbalwurzeln, wie ايست‎ und دزد‎ in der Aussprache
unterdrückt; so sagt er stets وا ايس‎ bleibe stehen, und
وا ايساد‎ er blieb stehen, statt وا ايست‎ und وا ايستاد‎:
ميدزد‎ statt ميدزدد‎ er stiehlt, so auch دُز‎ der Dieb,
statt دزد‎. Hammer-Purgstall war befremdet, in
Morier's „Hadschi Baba" den Ausruf: duz! duz! zu finden,
und glaubte solches berichtigen zu sollen. V. Jahrbücher
der Literatur, Band LXIV, S. 46. Wir können diese
Abwerfung des د‎ und ت‎ in der Volkssprache nicht als ein
in ihr eingerissenes Verderbniss betrachten, sondern darin
vielmehr eine Hinweisung erkennen, dass die Volkssprache
die ursprünglichen Verbalwurzeln reiner und treuer aufbewahrt hat, als dies bei der Schriftsprache der Fall ist.

Man dürfte vielleicht sagen, dass ich in der Sache
zu weit gehe, wenn ich in jeder mit einem د‎ oder ت‎
schliessenden Wurzel einen verkommenen Präteritalstamm
erkannt wissen will; allein ich glaube kaum, dass Jemand
das allgemeine, so klar ausgesprochene Gesetz, auf Grund
dessen ich dies thue, in Zweifel ziehen wird. Mein Vorgang
gründet sich noch auf andere damit im Zusammenhange
stehende Momente, deren Erörterung ich jedoch einer

besonderen, den Gegenstand umfassender behandelnden Arbeit vorbehalten muss. Nur die eine, sich gewiss dabei einem Jeden aufdrängende Frage, was der Grund dieser Erscheinung sei, will ich hier in Kürze beantworten. Ich habe bereits bei Besprechung der Anhängesylben دان und ستان bemerkt, dass bei diesen leicht eine in der Folge eingetretene Verflachung der ursprünglichen präteritalen Bedeutung ihrer consonantischen Auslaute د und ست gedacht werden könne. Hier finden wir nun diesen Fall bei den Verbis deutlich ausgesprochen. Bei allen diesen verkommenen Präteritalstämmen müssen die Formative د und ست ihre ursprüngliche Bedeutung eingebüsst haben, und so kam es denn, dass sie wieder in die Reihen der Wurzeln zurücktraten, und als solche entweder eine neue Präteritalbildung annahmen, oder die frühere beibehielten, oder, wie wir dies in einigen Fällen gesehen haben, mit dieser auch jene verbanden. Das Nähere über den logischen Umschwung, welcher dabei im Spiele ist, werde ich an anderem Orte erklären.

Ich übergehe zu einer anderen eigenthümlichen Erscheinung, welche sich bei dem Bildungsprocesse mit weichem د sowohl als mit hartem ت bemerkbar macht. Es ist dies die Elision der consonantischen Wurzelausgänge ی, ه und ن. Wir sehen, dass Wurzeln, welche mit ا und ihm anhängendem ی schliessen, dieses letztere bei der Bildung auf د beibehalten, so: زای gebären: زائد, سای reiben: سائد; bei den engeren Anschlussformen des د aber werfen sie dasselbe ab, wie dies bei زاد und سود von den obigen beiden Wurzeln der Fall ist. Dasselbe zeigt sich bei der Bildungsform auf ست, wie von آرای zieren: آراست. So sehen wir auch die Elision des ه an Wurzeln, welche damit schliessen, bei dem Bildungsprocesse mit د bloss in einem einzigen Beispiele, nämlich in داد von ده, häufiger bei jenem mit ست, wie von خواه wollen: خواست, von جه springen: جست. Endlich die Elision des ن an Wurzeln, welche darauf ausgehen, so: زن schlagen: زد, شكن brechen: شكست. Die Elision des ى ist nicht schwer aus anderen, diesen Buchstaben betreffenden Vorgängen ähnlicher Art zu erklären. Das ى zeigt sich nämlich überhaupt als ein, den auf quiescirendes ا und و ausgehenden Wurzeln adhärirender Laut, welcher schon vom Ursprung aus nach Belieben belassen oder abgeworfen werden kann. Beispiele hievon sind خدا und خداى Gott, آقا und آقاى Herr, بو und بوى Duft, زانو und زانوى Knie. Vor einer vocalisch anfangenden Flexion, wie vor den Pronominalsuffixen م, ت und ش, muss das ى beibehalten werden, um den Hiatus zu vermeiden, welchen die persische Sprache durchaus nicht duldet; so: آقايم mein Herr, زانوىت dein Knie. Es kann aber auch wegbleiben, wenn man den Anfangsvocal der Flexion weglässt, wo dann eine Zusammenziehung stattfindet, und زانوت, آقام entsteht. Ganz derselbe Vorgang zeigt sich denn auch oben. Vor der vocalisch anlautenden Bildungsform بد wird das ى beibehalten, vor der engeren Anschlussform د und jener des ست, welche consonantisch anfangen, fällt es weg.

In Bezug auf die Elision des ه steht uns zwar zur Erklärung derselben ein ähnliches Flexionsverhältniss nicht zu Gebote. Doch finden wir hiefür andere erklärende Umstände. Wir sehen nämlich, dass das ه gleich dem ى Wörtern mit dem Ausgange auf ا adhärirt, und gleichsam dasselbe vertritt, wie in رُبا der Fuchs (Räuber), neben اندروا das Nothwendige, neben اندرواه ;رُباى und رُبا

und اندروای=اندربا اند ربای und اندروای. So erklären auch die persischen Lexicographen die Wörter شایگان königlich, und رایگان unentgeltlich, leicht erworben=شاهگان eines Königs würdig, und راهگان auf dem Wege liegend. Die Bildungsform آراهش Schmückung, neben آرایش stellt dies ausser allen Zweifel, und wir sehen aus allem dem, dass das ه als adhärenter Laut, wie das ی, vor der Bildungsform ست entweder mit dem Bindevocal ـِ beibehalten wird, wie in نهست von نه, oder aber wegfällt, wie in جست von جه und خواست von خواه u. s. w.

Nach dem Obigen wird es wohl nicht schwer halten, die Elision des ن einem ähnlichen Umstande zuzuscheiben, wenn auch ein solcher hier nicht so klar zu Tage liegt. Im Augenblicke kann ich hiefür keine anderen Belege anführen, als die Wörter: فرمان Befehl von فرمای befehlen, پیمان das Mass von پیمای messen, wo das ن sich offenbar als ein adhärirender Laut darstellt, wie dies bei ی und ه der Fall ist. Ich verwahre mich jedoch gegen die Auslegung, dass ich in jedem schliessenden ن der Wurzeln bloss einen adhärirenden Laut erkennen wollte. Ich will im Gegentheile auf Grund der Elision zwischen einem adhärenten und einem wurzelhaften ن unterschieden wissen. Letzteres widersteht der Elision, und ebenso das schliessende ن der Causalform ان, weil es Bildungselement ist. Die einzige Ausnahme in letzterer Beziehung macht das Verbum نشان setzen, mit seinem Präteritalstamm نشاست neben نشانت, welches aber, wie ich schon früher bemerkt habe, gleichsam die Natur eines Causalverbums verläugnet.

Was es für ein Bewandtniss mit der Adhärenz des ن, so wie des ی und ه vom Ursprung aus habe, ist eine

Frage, die wir hier weiter nicht zu untersuchen haben. Dies ist ein Gegenstand, welcher die Wurzelbildung selbst betrifft, während wir uns gegenwärtig bloss mit der Aufsuchung der Gesetze befassen, nach welchen sich aus den uns positiv gegebenen Wurzeln die anderen Bildungsformen des Verbums entwickeln.

Ich habe an früherem Orte erwähnt, dass die Parallelformen ست und شت sich als Abschwächungen der After-Präteritalbildungen دد und دد(ر) erklären lassen. Wir wollen nun diesen Punkt näher ins Auge fassen. Wenn es nach dem Vorausgegangenen überhaupt noch eines Beweises für die Identität der Formen دد und ست bedürfte, so wäre uns ein solcher in dem Verbaltheme بد binden gegeben, welches als secundäre Wurzel in dem Präteritalstadium die ursprüngliche Afterbildung بندد neben der abgeschwächten بست aufweist. Bei der ersteren gewahren wir دد, bei der anderen ست als Bildungscharakter der Vergangenheit. Wir finden somit bei dieser eine mit der Elision des ن verbundene Verschmelzung der beiden Formationslaute in ihrem Anschlusse an die Wurzel, wobei eine Erhärtung und beziehungsweise Abschwächung derselben zu ت und س erfolgt, wie wir sie bei der einfachen Präteritalbildung an dem primären Charakterlaute د zu ت und an den Wurzelausgängen ب und ز = غ zu ف und خ gesehen haben. Wir brauchen nicht erst die Bildungsformen bei jedem einzelnen der hieher gehörigen Zeitwörter zu verfolgen, um zu erkennen, dass bei ihnen dasselbe zutreffe. Was wir dabei noch zu bemerken haben, ist, dass, während wir oben in بد einen herabgestimmten Präteritalstamm, dessen eigentliche Wurzel erstorben ist, mit seiner ursprünglichen und abgeschwächten After-Präteritalbildung vor Augen haben, wir weiterhin Wurzeln finden, welche bloss die abgeschwächte Afterbildung, aber nicht auch die ursprüngliche, und neben derselben nur noch die einfache Präteritalform mit د besitzen, wie نشان setzen, mit نشانيد, auch نشانديد und نشاند = نشانست, نشانديد, nebst, oder selbst auch diese nicht mehr aufzuweisen haben, wie: شكن brechen, bloss شكديد=شكست aus شكد; دان wissen, bloss دانيد دانديد = دانست aus دانَد.

Der Anschluss der abgeschwächten Afterformation ست an die Wurzel erscheint in gleicher Art wie jener des primären Formationslautes د entweder mit oder ohne vocalische Verbindung vermittelt. Nur zeigt sich in dem ersten Falle als Regel die Verkürzung des Bindevocals, nämlich ى ‎zu ‎ِ, wie: خاى kauen, خايست = خائيديد aus خائيد, und des ا zu ‎ِ, wie: بار vermögen, بارَست, welches als die Abschwächung der doppelten Präteritalbildung بارديد aus der einfachen باراد zu betrachten ist. Doch finden wir bei نكر schauen, neben نكرست auch نكرست = نكرديد aus نكرد.

Der unmittelbare Anschluss derselben ist stets sowohl von der Elision des adhärenten ى und ه als auch des schliessenden ن begleitet, wie: آراست zieren, آراى(ى) = آرادديد aus آراد; خواه wollen, خواديد=خواست aus خواد; رين sich entleeren, رست = رديد aus رد. Während bei dem unmittelbaren Anschlusse des einfachen Formationslautes د an die mit ن schliessenden Wurzeln dieses zum Theile beibehalten wird, wie in مان bleiben, ماند, erscheint hier die Elision als ausnahmslose Regel, und offenbar durch das euphonische Gesetz geboten, welches die Nacheinanderfolge dreier starrer Consonanten nicht duldet.

Ein Gleiches gilt auch rücksichtlich der auf ر ausgehenden Wurzeln. Während der einfache Formationslaut د diesen auch unmittelbar, ohne vocalische Verbindung, angehängt werden kann, wie: شمر zählen, شمرد, finden wir bei denselben nicht ein einziges Beispiel des unmittelbaren Anschlusses der abgeschwächten Afterformation ست. Dagegen gewahren wir bei ihnen, so wie bei jenen mit dem Ausgange auf ل und den secundären Wurzeln auf رد durchgehends die Formation شت mit dem gleichzeitigen Ausfall des consonantischen Auslautes. Ich habe gelegenheitlich zu wiederholten Malen darauf hingewiesen, wie schon die Verwandtschaft und das analoge Auftreten der Formationen ست und شت zu der Annahme berechtigen, dass diese letztere, welche lediglich auf die mit ر und ل schliessenden Wurzeln beschränkt ist, nicht anders als durch die Verschmelzung des ر und respective ل mit dem formativen س der ersteren entstanden und somit nur eine Abart derselben sei. Bezüglich des ر ist uns hiefür ein schlagender Beweis in der Wurzel نور mit ihren Präteritalformen نورد und und den beiden Afterbildungen نوردد und نوشت gegeben. Wir sehen hier neben der ursprünglichen Doppelformation mit دد, die abgeschwächte auf شت mit dem Ausfall des ر. شت ist somit = ردد, und da ست = دد ist, so ist شت = رست, und daher نوشت = نورست. So zeigt auch noch die secundäre Wurzel گرد werden, in dem Präteritalstadium die ursprüngliche Afterbildung گردد neben der abgeschwächten گرست=گشت. Weiterhin finden wir wohl nur mehr Wurzeln, welche bloss die abgeschwächte Afterformation شت, aber nicht auch die ursprüngliche دد(ر), und neben derselben nur noch die einfache Präteritalform

mit د besitzen, wie: گذار lassen, mit گذارد und گذاشت,
oder selbst auch diese nicht mehr aufzuweisen haben, so:
دار haben, bloss داشت u. s. w. Doch die obigen Belege
sprechen zu deutlich für den gleichen Vorgang bei allen
Wurzeln mit dem Ausgange auf ر, als dass wir es nicht
gelten lassen sollten.

Eben so wenig lassen die Lautverwandtschaft des ل
und ر, und der Umstand, dass sie sich in Persischen gleichsam etymologisch identificiren, keinen Zweifel übrig, dass
in gleicher Art die Wurzel هل herablassen sich aus
هلست zu هشت, und die andere مال reiben, aus مالست
zu مشت, mit Verkürzung und Umlautung des Vocals, wie
bei آزار zu آزرد, gestaltet habe.

Wir haben noch einen anderen Umstand, nämlich den
vocalischen Umlaut zu behandeln. Wir wollen ihn zunächst
bei der einfachen Präteritalbildung mit د, in Betracht ziehen.
Hier greift er Platz bei den Wurzeln mit den Ausgängen
auf ‍َ(ى)ا, و‍َ und ر. Bei den mit dem Doppellaute و‍َ
schliessenden Wurzeln erklärt er sich einfach durch die
engere Anschlussform mit د. Denn wenn die Wurzel شنو
hören statt der normalen Bildungsform ید bloss das د
erhalten soll, so muss bei der hiebei nothwendiger Weise
eintretenden Zusammenziehung der Umlaut des و‍َ in و'
erfolgen; dies liegt schon in der Natur dieses Doppellautes,
welchem in der Aussprache unser *óu* äquivalirt, nicht aber
ew, welches eine auf das Türkische basirte fehlerhafte Aussprache desselben ist.

Nicht so natürlich, oder doch minder einleuchtend, mag
der Übergang des ا in و' erscheinen, besonders da wir vier
Wurzeln mit dem Ausgange ا kennen, welche ohne vocalische Veränderung reines د annehmen. Doch lässt er sich

aus der im Persischen herrschenden Verwandtschaft der beiden Laute erklären. Das lange *a* wird im Persischen stets wie *āo* oder wie das englische *a* in: fall, all, und nur noch gedehnter ausgesprochen. Dies bestätigen auch anderweitige Beispiele, wie افزون mehr, gesteigert, neben افزا vermehren, نمونه Muster, neben نما zeigen. Es sind übrigens alle Anzeichen vorhanden, dass dieses ا wenigstens in vielen Fällen nicht ein wurzelhaftes, sondern erst später durch ein Bildungselement hinzugetretenes sei. Wir finden nebst der Metallage des بخش schenken بخند und بخشا vergeben بخشود, noch von بال reinigen, durchseihen بالید neben بالود, so wie von بال wachsen بالود neben بالید, von تن ziehen تنود neben تند u. s. w. Welche Umstände dabei im Spiele seien, kann hier nicht der Gegenstand unserer Behandlung sein; dies gehört in das Bereich der Wurzelbildung, und wir werden davon an anderem Orte sprechen.

Was aber den vocalischen Umlaut bei den mit ر schliessenden Wurzeln betrifft, so erweist sich derselbe, näher betrachtet, rein nur als eine mit der engeren Anschlussform د im Zusammenhange stehende Verkürzung des Vocals; denn alle hieher gehörigen Wurzeln bis auf drei: بر, آور und میر haben vor dem ر ein ا, welches wegen der engeren Verbindung mit dem Bildungscharakter د verkürzt wird, und bei dieser Verkürzung in das ihm der Lautfärbung nach näher stehende ُ statt َ umschlägt, so von سار übergeben, سُبرد, nicht سَبرد u. s. w. Von den anderen drei Wurzeln ist بر als eine Zusammenziehung aus بار zu betrachten; wir finden بار Frucht, und بار Last. آور ist = آبر, somit ebenfalls aus آبار zusammengezogen zu betrachten. Die Wurzel مير allein scheint sich dieser Erklärung nicht zu fügen. Doch ist dies in der Wirklichkeit nicht der Fall; ich glaube wenigstens, das Gegentheil beweisen zu können. Wir finden مار gleichbedeutend mit بمار krank, davon بمارستان = مارستان Krankenhaus, ferner مارى in der Bedeutung: getödtet, zu Grunde gegangen, daher auch مرك der Tod. Wir brauchen nicht mehr, um den vocalischen Umlaut in ـِ zu erklären. Es bleibt nur noch die Frage zu beantworten, wie wir die Entstehung der Wurzel مير aufzufassen haben? Darüber lässt sich allerdings nichts Bestimmtes sagen; doch schiene mir eine Zusammenziehung aus مارى mit der Metathese des ى leicht denkbar. Die Sanscritwurzel *mri* und die ähnliche Zusammenziehung dieser Wurzel in den slavischen Sprachen sind ganz geeignet, diese Annahme zu rechtfertigen. Zu allem Überflusse findet sich in der Volkssprache von Ost-Iran, wie ich von Leuten aus Bochara zu hören Gelegenheit hatte, die Wurzel مُر neben مير erhalten; so sagt man dort مَمُرد für مَميرد. Damit stimmt auch ganz das abgeleitete Verbum بَزُمُردن oder بَزُمِريدن verwelken, absterben, welches im Präsens ebenfalls das ـِ über dem م behält. Es ist nichts anderes als die Zusammensetzung von بَزْ = بَذْ . *paiti* im Zend und بَى im Neupersischen mit مُردن, und lautet auch im Dialecte von Bochara بَى مردن mit dem Participium Perfecti بَى مرده und dem Präsens بَى مُرَدْ.

Die Präteritalbildung mit ست hat nur einen einzigen Fall solcher Umlautung des Wurzelvocales, nämlich an dem Verbalstamme مال reiben zu مُشْت, aufzuweisen und dieser erklärt sich ebenfalls in obiger Weise. Im Übrigen besteht ein vocalischer Umlaut dieser Art nicht. Die Wurzeln mit den Ausgängen auf ‍ــ ا(ى) und ر, welche diesem Bildungsgesetze folgen, erleiden keine vocalische Lautveränderung. Von آرا(ى) haben wir wohl neben آراست auch آرست; doch ist dies nur eine einfache Verkürzung des Vocals, wie wir sie auch bei den Wurzeln mit dem Ausgange auf و(ى) sahen, als von جو(ى) suchen: جست. Was wir sonst noch an vocalischen Veränderungen bemerken, wie allenfalls نشين sich setzen mit نشست und كار säen mit كشت, sind ebenfalls nur einzelne Eigenthümlichkeiten, deren Grund nicht in der Formation, sondern in der Etymologie zu suchen ist.

Endlich will ich den Ursprung der Formen des Verbum substantivum: هست es ist da, است es ist, und نيست es ist nicht, und es ist nicht da, erklären, von denen ich im Eingange bereits Erwähnung gethan habe. Lumsden meinte schon, dass dieselben in ihrer Bedeutung und Anwendung Präteritalformen gleich kommen, ohne jedoch eine Ableitung zu wagen. Chodzko versuchte dies in seiner Grammaire, S. 19, Note 3, aber nicht mit Glück. Er sagt: „L'étymologie prouve que, de même que l'impératif de زيستن كريستن *gueristen* est كرى *guiríy*, et que celui de زيستن *zisten* est زى *zíy*, l'infinitif du verbe substantif, que j'appelle normal, était استن *isten* ou هستن *hesten*, être, et son impératif اى *iy* ou هى *hy*, sois." Die Infinitivformen استن oder هستن bestehen nicht, und ich möchte die gerechtesten Zweifel dagegen erheben, dass solche je in der Sprache bestanden haben. Noch weniger vermöchte ich in denselben jene Analogie mit den vocalisch langen

Infinitivformen كُرِستَن und زِستَن erkennen, dass von ihnen auf Infinitive des Verbum substantivum, wie اى und هى, geschlossen werden könnte. Uns stehen hiefür andere, untrügliche Mittel zu Gebote. A priori der Schluss, dass, wenn هست eine Präteritalform sein soll, ihre Wurzel entweder vocalisch auslauten oder mit einem ه oder ن schliessen müsste. Dann sind uns auch glücklicherweise zwei Wörter in dem Sprachschatze noch aufbewahrt geblieben, welche dem obigen Schlusse entsprechen. Sie lauten هِنْ und هَى; هست wird uns als die Bedeutung beider von den persischen Lexikographen angegeben. Ebenso wird هَنْدْ als gleichbedeutend mit هستند angeführt und da demselben heute اند entspricht, so können wir mit Recht daraus folgern, dass das اَست eine dem هست gleiche Form sei, der eine dem هِنْ und هَى analoge Wurzel اِنْ oder اَى zu Grunde liegen mag. Wir könnten weiter annehmen, dass اِنْ, اى und اَست die eigentlichen Grundformen seien, aus welchen sich mit Hilfe der Aspiraten ه gleichsam als verstärkte Formen هِنْ, هَى und هست entwickelt hätten, und ebenso liessen sich auch die anderen Personen des Verbum substantivum im Parsi هَم, هِى, هِيم, هِيد, هَنْدْ, welchen im neupersischen اَم, اى, اِيم, اِيد, اند entgegenstehen, aus diesen entstanden erklären. Es fehlt aber nicht an Vorwürfen, den umgekehrten Fall vorauszusetzen, nämlich dass اَست aus هست und in gleicher Art alle anderen dem اَست zur Seite stehenden Personen des Verbum substantivum aus den mit ه anlautenden Formen des Parsi, durch Abwerfung der Aspiration entstanden seien. So namentlich der Umstand, dass die aspirirten Formen هَم, هَى u. s. w. eben in dem älteren Parsi, die schwächeren أم, أى u. s. w. dagegen im Neupersischen auftreten, gerade wie auch an dem heutigen استد von استادن stehen, eine solche Abschwächung gegenüber dem aspirirten Histati des Zend sich bemerkbar macht. Nur ist hier zu bemerken, dass solches in keinem Falle auf die Personalendungen der Verba ausgedehnt werden könnte; denn die Ursprünglichkeit dieser zu läugnen, hiesse das ganze Conjugationssystem in Frage stellen, was wir aber um so weniger thun dürfen, als wir im Parsi so gut wie im Neupersischen die Personalendungen dem Stamme des Verbums angehängt finden. Wir hätten demnach vielmehr in dem ه einen den Existenzbegriff bezeichnenden Laut zu erkennen, welchem sie in gleicher Art als Berufungsformen der verschiedenen Redepersonen angebängt wären. Ausserdem zeigte es sich, dass die Aspiration, welche wir im Parsi gewahren, im Neupersischen keineswegs ganz erstorben ist, sondern dass vielmehr an die Stelle des هى, هم u. s. w. die verstärkten Formen هستى, هسم u. s. w. treten, so wie den vocalisch anfangenden أم, أى u. s. w. die gleichen verstärkten Formen استى, اسم etc. zur Seite stehen. Was das نست anbelangt, so ist es nichts anderes als die Zusammenziehung der Verneinungspartikel نى mit dem است, wie jene der pronomina كه wer, und چه was, mit demselben zu كست wer ist? und چست was ist? Wie نست und نهفت so sehen wir auch هست, است und خفت und heutzutage ihrer ursprünglichen Bedeutung als Präteritalformen entkleidet: nur in dem einen Punkte bewähren sie sich noch als solche, dass sie die Verbalflexion دَ, welche einzig und allein für die dritte Person Singular im Präsens gilt, nicht annehmen. Dass diese einst ein blosses *e* gewesen, wie sie in vielen persischen Mundarten noch heutzutage lautet, und dass د und ست in der Folge hinzugetreten seien, will ich gerne mit Chodzko (Grammaire, pag. 18) anerkennen; obschon ich aus ganz anderen Gründen, mit deren Auseinandersetzung ich mich hier nicht befassen kann, vielmehr der Ansicht sein zu sollen glaube, dass für die dritte Person Singular im Urbeginn eine Flexion gar nicht bestanden habe. Das reine ت, welches Chodzko mit ins Spiel bringt und neben د und است als eine dritte Form der Verbalflexion für die dritte Person Singular hinstellt, muss ich jedoch unbedingt bestreiten; eine solche Verbalflexion besteht im Persischen nicht, und ich begreife nicht, was jenen gelehrten und praktischen Persisten zu dieser Annahme veranlasst haben konnte. Auf den Parallelismus der beiden Verbalflexionen د und است habe ich bereits früher hingewiesen; die eine wie die andere hat zum Auslaute den Bildungscharakter der Vergangenheit, die erstere das reine د, die letztere das diesem correspondirende ست. Beide scheinen mir Präteritalstämme der Wurzel ان oder ای zu sein, welche als solche im Laufe der Zeit die Rolle der Verbalflexion für die dritte Person Singularis übernommen haben. Das د hat seine ursprüngliche präteritale Bedeutung vollständig verloren, denn es dient bloss als Verbalflexion in den Zeitformen des Präsens. Das ست hingegen ist in der Anwendung seinem Ursprunge treuer geblieben. Einmal kommt es als Verbalflexion nur bei den mit Hilfe des Participii Präteriti gebildeten vergangenen Zeiten vor, wie: گفته است er hat gesagt. Andererseits tritt es als selbstständige Form des Verbum substantivum in Verbindung mit jedem anderen Redetheile auf. Als solche wird es auch zum Mutterstamm für die Bildung verstärkter Formen des Verbum substantivum in allen übrigen

Personen, welche in der Anhängung der diesen letzteren
eigenthümlichen Beugungen besteht; daher استم, استی, استیم,
استند, استد. Dasselbe gilt offenbar rücksichtlich des von
است durch den Vorschlag des ه unterschiedenen هست. Von
diesem haben wir in gleicher Art durch Anhängung der
betreffenden Personal-Endungen die Formen هستم, هستی,
هستند, هستید, هستیم; so wie von dem negativen نیست die
Formen نیستم, نیستی, نیستید, نیستند.

Bopp glaubt überhaupt daran zweifeln zu sollen, dass
das هست mit است verwandt sei, und daraus durch den
Vorschlag eines *h* entstanden sei, wesshalb er auch sich
minder geneigt erklärt, هستی, هستم u. s. w. aus der
dritten Person Singularis هست abzuleiten. S. Vergleichende
Grammatik Seite 882, Anmerkung 2. Wir können nach den
augenscheinlichen Beweisen, die wir hiefür gewonnen haben,
keinen Augenblick daran zweifeln, und können uns daher
nur um so weniger für die von dem gelehrten Linguisten
vorgezogene Vermittlung des هستم mit dem Zendischen
histâmi (ich stehe) aussprechen, welche sich zwar auf
Ähnlichkeit der Laute und Verwandtschaft der Bedeutung,
keineswegs aber, wie unsere Ableitung, auf Identität der
Formen stützt. Bopp selbst bemerkt dabei ausdrücklich,
dass das هست als dritte Person Singularis in Conformität
mit den übrigen Zeitwörtern die Beugung د- haben sollte,
glaubt es aber dessen ungeachtet nicht für eine von dem
Zendischen histaiti grundverschiedene Form erklären zu
sollen, indem er in ihm eine Unterdrückung der Personal-
Endung wie in unserem „wird, hält" für „wirdet, hältet"
erkennen will. Ohne auf eine förmliche Widerlegung dieser
an und für sich unhaltbaren Annahme einzugehen, will ich

nur bemerken, dass auf unserem Standpuncte der Abgang des د bei هست durchaus nicht befremden kann; wir finden ihn vielmehr in dem Umstande begründet, dass هست eine ursprüngliche Präteritalform ist und als solche die Verbalflexion د ausschliesst. Ich kann hiebei nicht mit Stillschweigen übergehen, wie das Urtheil Pott's über die Formen هستم, هستی u. s. w. annäherungsweise ein richtiges gewesen, indem er sagt, dass dieselben nicht zu der Sanscrit-Wurzel *sthá* (stehen) gehören, sondern nur das *t* Participii passivi praeteriti mit in die Flexion aufgenommen zu haben scheinen. S. Etymologische Forschungen I. Band, Seite 274. Diese Ansicht Pott's muss allerdings dahin berichtigt werden, dass hier nicht das ت allein sondern vielmehr das ست der Präteritalcharakter ist, und dass nicht die Sanscrit-Wurzel *as* sondern die ursprüngliche persische Wurzel هن oder هی hier zu Grunde liege. Gegenüber der so berichtigten Ansicht vermöchte auch Bopp die erhobene Einwendung nicht aufrecht zu erhalten, „dass weder im Sanscrit die Wurzel *as* noch in irgend einer der Schwestersprachen desselben die Schwesterwurzel des *as* das gedachte Particip gezeugt oder erhalten habe". S. Vergleichende Grammatik Seite 883, Schluss der Anmerkung 2. Diese Einwendung kann nur in Bezug auf die von Pott festgehaltene Ableitung des هست aus dem Sanscrit gelten; gegen die von uns begründete Ansicht vermag sie aber eben so wenig etwas zu zeugen, als die von Bopp darauf basirte weitere Annahme, „dass wenn es jemals ein mit *búta* „gewesen" analoges Participium der anderen Wurzel des Seins gegeben habe, es in so früher Zeit verloren gegangen sein musste, dass es dem Polnischen und Persischen zur Bildung eines Präteritum und Präsens des Indicatif seine Dienste nicht hätte leisten können". Denn wenn im Persischen selbst schon die Formation ihre natürliche Erklärung gefunden hat, so kann diese durch den Umstand, dass es in den Schwestersprachen an dem Seitenstücke eines solchen Bildungsprocesses mangle, nicht im mindesten geschwächt werden; sie entbehrt höchstens einer immerhin wünschenswerthen Bestätigung. Ob und in wie weit übrigens der Ausspruch wirklich begründet sei, dass es an einer solchen Bestätigung in den anderen Sprachen fehle, davon will ich ein anderes Mal umständlicher sprechen, und nun zum Hauptzwecke der vorliegenden Abhandlung, nämlich zur Aufstellung eines neuen Schemas für die Präteritalbildung der Verba nach den bisher entwickelten Grundsätzen übergehen.

Die Bildung des Verbalnomens der Vergangenheit beruht somit, wie wir gesehen haben, auf einem allgemeinen Grundgesetze, welches in der Anhängung des Charakterlautes د an die Wurzel besteht.

I. Sie erfolgt in der Regel mit Hilfe eines Verbindungsvocals. Dieser ist

a) bei der grossen Masse der Zeitwörter das ى.

Hieher gehört die lange Reihe der früher *sub* Nr. 4 erwähnten Wurzeln von allen wie immer gearteten Ausgängen, so:

با oder باى fussen: بائید;

خا oder خاى kauen: خائید;

گرا oder گراى streben: گرائید;

سا oder ساى reiben: سائید;

زا oder زاى gebären: زائید;

كا oder كاى schänden, missbrauchen: كائید;

بو بویٔد oder duften: بوئید;
پو پویٔ oder wandern, schreiten: پوئید;
مو مویٔ oder weinen, klagen: موئید;
تاب تابید leuchten:;
خواب خوابید schlafen:;
چسب چسبید kleben:;
جنب جنبید sich bewegen:;
سنب سنبید bohren:;
تپ تپید klopfen:;
چاپ چاپید drucken:;
خسب خسبید schlummern:;
پرست پرستید verehren:;
خند خندید lachen:;
گند گندید stinken:;
پسند پسندید loben:;
بار بارید regnen:;
بر برید scheiden:;
پر پرید fliehen:;
در درید reissen:;
چر چرید weiden:;
خر خرید kaufen:;
گز گزید beissen:;
خز خزید kriechen:;
وز وزید wehen:;
گوز گوزید Winde gehen lassen:;

لرز zittern: لرزيد;
ورز üben: ورزيد;
آمرز vergeben, trösten: آمرزيد;
لغز gleiten: لغزيد;
مز lecken: مزيد;
رس gelangen: رسيد;
بوس küssen: بوسيد;
پوس faulen: پوسيد;
ليس lecken: ليسيد;
ترس fürchten: ترسيد;
پرس fragen: پرسيد;
پاش streuen: پاشيد;
پوش decken, kleiden: پوشيد;
دوش melken: دوشيد;
كوش streben: كوشيد;
نوش kosten: نوشيد;
چش kosten: چشيد;
كش ziehen: كشيد;
خراش kratzen: خراشيد;
تراش schnitzen: تراشيد;
بخش schenken: بخشيد;
درخش strahlen: درخشيد;
رنج zürnen: رنجيد;
سنج wägen: سنجيد;
پيچ rollen, drehen: پيچيد;

جخ Streit anbinden: جخيد;

جغ streben: جغيد;

مك lecken: مكيد;

جك tropfen, rinnen: جكيد;

مال reiben, wischen: ماليد;

نال klagen: ناليد;

خل stechen: خليد;

هل herablassen: هليد;

دم athmen, anbrechen: دميد;

رم scheu werden: رميد;

آرام sich beruhigen: آراميد;

آشام trinken: آشاميد;

خرام wandeln: خراميد;

جم stolz einhergehen: جميد;

تن weben: تنيد;

جاه sich erkälten: جاهيد;

دو laufen: دويد;

جاو kauen: جاويد;

كاو höhlen: كاويد;

ferner sämmtliche Causalverba, wie:

ترسان schrecken: ترسانيد;

جنان bewegen: جنانيد;

رهان freilassen: رهانيد u. s. w.

b) Bei wenigen ist er ﺎ, wie:

ايستاد oder ايست stehen: استاد oder است;

اوفتاد oder اوفت fallen: افتاد oder افت;

فرست senden: فرستاد;

نه legen: نهاد;

ده geben: داد, mit Elision des abhärenten ه;

c) nur selten ‍ـِ, wie:

جوش saugen جوشد für چوشید;

شاش schwitzen شاشد für شاشید.

II. Wurzeln mit vocalischen Ausgängen und die auf ن und ر ausgehenden erhalten auch den Charakterlaut des Präteritums unmittelbar angehängt, und zwar geschieht der Anschluss desselben

1. An vocalisch auslautende Wurzeln, zu welchen auch die mit adhärentem ی wie رای oder زای zu zählen sind, entweder *a)* ohne alle Veränderung der Wurzel, wie in den folgenden wenigen Fällen:

زا(ی) gebären: زاد;

کا(ی) schänden: کاد;

آما(ی) bereit machen: آماد;

کشا(ی) öffnen: کشاد;

بو sein: بود; in der Poesie auch بُد mit verkürztem Vocal;

oder, *b)* wie bei den übrigen auf ا‍َ oder ای‍َ und den auf و‍ُ ausgehenden, mit vocalischer Umlautung in و‍ُ. so:

سا reiben: سود;

آسا ruhig sein: آسود;

آلا besudeln: آلود;

افزا vermehren: افزود;

زدا abreiben: زدود;

بالا durchseihen: بالود;

آزمود erproben: آزما;

نمود zeigen: نما;

ستود preisen: ستا;

فرسود verderben: فرسا;

پیمود messen: پیما;

ربود rauben: ربا;

بخشود schenken, vergeben: بخشا;

خشود kratzen: خشا;

اندود übertünchen: اندا;

آمود bereit halten: آما, auch mit reinem Anschlusse, siehe oben *a*;

كشود öffnen: كشا, auch mit reinem Anschlusse, siehe oben *a*;

درود ernten, sammeln: دَرَو;

شنود hören: شَنَو;

زنود wiehern: زَنَو;

غنود schlummern, nicken: غَنَو;

شود werden: شَوْ, im gewöhnlichen Leben شُد mit Verkürzung des Vocales.

Ganz abweichend hievon zeigt:

آمَد kommen: آ oder آی mit Einschaltung des م.

2. An die Wurzeln, welche auf ن auslauten, wieder theils *a*) ohne alle Veränderung, wie:

ماند bleiben: مان;

راند jagen: ران;

خواند lesen, singen: خوان;

افشاند streuen: افشان;

ستان nehmen: ستاند, (auch ستاد und سِتَد siehe *b*);

کَن graben, rupfen: کند;

افکن werfen: افکند;

so auch die Causalverba, wie:

ترسان, schrecken: ترساند;

جنان, bewegen: جناند;

رهان, freilassen: رهاند; u. s. w.

theils aber *b)* mit Elision des ن, so:

چین sammeln: چید;

آفرین erschaffen: آفرید;

گزین erwählen: گزید;

رین sich entleeren: رید;

زن schlagen: زد;

ستان nehmen: ستاد, gebräuchlicher سِتَد, mit verkürztem Vocal.

Ganz abweichend hievon zeigt:

کُن machen: کرد mit hinzutretendem ر.

3. An Wurzeln, welche mit ر schliessen, ebenfalls theils

a) ohne alle Veränderung, wie:

خور essen, trinken: خورد;

پرور pflegen, erziehen: پرورد;

گستر aufbreiten: گسترد;

گذار lassen: گذارد;

گُوار essen, kosten: گوارد;

فشار ausdrücken: فشارد;

شمر zählen: شمرد;

ستر wischen, kratzen: سترد;

theils *b)* mit Umlautung des letzten Sylbenvocals in kurzes ‿, so:

tragen: بُرد بَر;

bringen: آوُرد آور;

übergeben: سپُرد سار:

kränken: اَزُرد آزار:

ausdrücken: افشُرد, افْشُرد, auch فشار افشار;

zählen: شمُرد; شمار

sterben: مُرد. مير

III. Auch bei Wurzeln mit anderen consonantischen Ausgängen (als ر und ن), finden wir den Charakterlaut des Präteritums unmittelbar angehängt, aber der Euphonie wegen zum ت erhärtet, und zwar

a) bei einigen auf ش und ف ausgehenden, ohne alle Veränderung der Wurzel, wie:

tödten: كُشت كُش;

zusammensetzen: سرشت سرش;

trinken: نوشت نوش (auch نوشيد siehe I.);

herablassen: هشت هش;

weben: بافت باف;

graben: كافت كاف;

spalten: شكافت شكاف;

blühen: شكُفت شكوف, mit verkürztem Vocal;

b) bei Wurzeln jedoch, welche auf den Labiallaut ب ausgehen, mit Veränderung desselben in ف, wie:

fassen, finden: يافت ياب;

leuchten: تافت تاب (auch تفت mit verkürztem Vocal);

شتاب eilen: شتافت;

کوب stossen: کوفت;

روب kehren: روفت, auch رُفت mit verkürztem Vocal;

آشوب entbrennen: آشوفت, auch آشُفت mit verkürztem Vocal;

فریب täuschen: فریفت, auch فرِفت mit verkürztem Vocal;

شکیب verwundert sein: شکیفت, auch شکِفت mit verkürztem Vocal;

خواب schlafen: خفت, mit Umlaut des ا in kurzes ᷍.

Dessgleichen bei Wurzeln mit einem dem Labiallaute ب verwandten Ausgange, so:

خسب schlafen: خفت;

سنب bohren: سُفت;

کو = کب sagen: گُفت;

رو gehen: رفت;

گیر (aus گِرو) nehmen: گرفت;

پذیر (aus پذرو) aufnehmen: پذرفت und پذیرفت;

e) ferner bei Wurzeln von dem Ausgange ز, mit Veränderung desselben in خ, wie:

باز verlieren: باخت;

تاز treiben: تاخت;

ساز machen: ساخت;

انداز werfen: انداخت;

افراز erheben: افراخت;

نواز liebkosen: نواخت;

پرداز sich anschicken: پرداخت;

schmelzen: گداخت؛ گداز

sieben: بیخت؛ بیز

schütten: ریخت؛ ریز

fliehen: گریخت؛ گریز

anstiften: انگیخت؛ انگیز

sich enthalten: برهیخت؛ برهیز

mengen: آمیخت؛ آمیز

aufhängen: آویخت؛ آویز

nähen: دوخت؛ دوز

brennen: سوخت؛ سوز

anzünden: افروخت؛ افروز

lernen: آموخت؛ آموز

zusammenbringen: اندوخت؛ اندوز

kochen: پُخت، بَز, mit umlautendem Vocal.

Desgleichen bei Wurzeln mit dem ز verwandten Ausgängen, so:

melken: دوخت؛ دوش

verkaufen: فروخت؛ فروش

kennen: شناخت؛ شناس

wägen: سخت؛ سج

drehen, winden: بیخت؛ پیج.

Hingegen zeigen, hievon abweichend, eine Veränderung des schliessenden Sauselautes

α) in س die Wurzeln:

kriechen: خست؛ خز

sich erheben: خاست؛ خیز, zugleich mit umlautendem Vocal:

β) in ش die Wurzeln:

رس spinnen: رشت
لیس lecken: لشت   } sämmtlich mit verkürz-
نویس schreiben: نوشت } tem Vocal;

افراز erheben: افراشت neben افراخت.

Neben diesem Grundgesetze erkennen wir noch eine After-Präteritalbildung durch neuerliche Anhängung des Formationslautes د, und zwar mit dem Bindevocal ى. So gestalten sich die Wurzeln:

خواب schlafen mit خفت zu und خوابید mit خفتید;

سنب bohren mit سفت zu und سنبید mit سفتید;

نهنب bergen mit نهفت zu und نهنبید mit نهفتید;

شکیب verwundert sein mit شکیفت zu und شکیبید mit شکیفتید, auch شکفت zu شکفتید;

نور treten mit نورد zu und نوربد mit نوردید;

بین sehen, welches seine primäre Präteritalform بید ganz eingebüsst hat, aus بیدید mit Aphärese des بی zu دید.

Bei Wurzeln mit vocalischem Ausgange (das adhärente ى mit inbegriffen), dann mit jenen auf ه, ن, ر und ل zeigt sich eine Abschwächung der Doppelformation دد zu ست. Der Anschluss der abgeschwächten After-Präteritalform ست an die Wurzel erfolgt

entweder 1. mit Hilfe eines Bindevocals, und zwar

a) in der Regel des ‒ so:

بای obliegen: بایست;

شای geziemen: شایست;

خای kauen: خایست;
گرای streben: گرایست;
دان wissen: دانست;
مان gleichen: مانست;
توان können: توانست;
نشان setzen: نشانست;
نه legen: نهست auch نهشت und نهاد;

b) des ى, bloss in:
نگر sehen: نگریست, aber auch نگرست;

c) des ت, bloss in:
یار vermögen: یارست;

oder 2. ohne vocalische Verbindung, und zwar

a) bei Wurzeln mit vocalischen Ausgängen, theils ohne Veränderung derselben, wie:

آرا(ی) schmücken: آراست auch آرست mit verkürztem Vocal;

پیرا(ی) zieren: پیراست;

زی leben: زیست;

گری weinen: گریست, auch گرست, mit verkürztem Vocal;

theils mit Verkürzung des Vocals, wie:

جو(ی) suchen: جست;

رو(ی) wachsen: رست;

شو(ی) waschen: شست;

b) bei den auf ه und ن auslautenden Wurzeln, mit Elision der consonantischen Ausgänge, so:

خواه wollen: خواست;

کاه abnehmen: کاست;

رہ entwischen: رست;

جہ springen: جست;

شکن brechen: شکست;

نشین sitzen: نشست mit umlautendem Vocal;

رین sich entleeren: ریست;

نشان setzen: نشاست;

c) an die auf ر und ل ausgehenden Wurzeln unter Verschmelzung des consonantischen Auslautes mit dem formativen س zu ش, nämlich:

دار haben: داشت;

کار säen: کاشت auch کِشت, mit Umlautung und Verkürzung des Vocals;

انکار meinen: انکاشت;

انبار häufen: انباشت;

اوبار stopfen: اوباشت;

نگار zeichnen: نگاشت;

بندار wähnen: بنداشت;

گُمار anstellen: گُماشت;

گذر vorüberziehen: گذشت;

گذار lassen: گذاشت;

نور wandern, treten: نوشت;

هل herablassen: هشت;

مال wischen: مُشت, mit Umlautung und Verkürzung des Vocals.

خَل kriechen mit خست (wie bei خَر), und

کِل brechen mit کِست, und auch کُسِحت

scheinen ausser der Ordnung zu stehen, sie lassen sich aber durch einen Lautübergang eigenthümlicher Art erklären.

Die beiden Wurzeln بائش sein, und آر bringen, haben keine eigenen Präteritalformen, sondern borgen solche und zwar die ersteren das بود von der gleichbedeutenden Wurzel بو, die zweite, welche nichts anderes als eine Zusammenziehung aus آور ist, das آورد von dieser letzteren.

In Verbindung mit dieser After-Präteritalbildung sehen wir eine Herabstimmung der primären Präteritalstämme zu secundären Wurzeln. Hieher gehören namentlich die folgenden fünf Präteritalstämme:

خفت schlafen mit خفتید, سفت bohren mit سفتید. نهفت bergen mit نهفتید, شکفت verwundert sein mit شکفتید, نوشت und نورد treten mit نوردید und نوردید, deren eigentliche Wurzeln noch erhalten sind, und denen gegenüber sie auch noch präteritale Geltung und Bedeutung behaupten;

ferner die übrigen auf د und ت auslautenden Wurzeln, deren eigentliche Wurzeln verloren gegangen und durch ihre Präterita mit reiner präsentialen Bedeutung ersetzt sind, so:

دزد stehlen mit دزدید, خند lachen mit خندید, بند stinken mit بندید, پسند loben mit پسندید, بست binden mit بندید und پوند anhangen mit پوست, کرد werden mit کردید und کشت, شفت verwundert sein mit شفتید, شکفت verwundert sein mit شکفتید.

Es schiene mir nicht allzugewagt, auch noch ein Zurücksinken von After-Präteritalstämmen zu secundären

Wurzeln anzunehmen, wofür ich in پرست verehren mit پرستید, ایست stehen mit ایستاد, فرست schicken mit فرستاد, und افت fallen mit افتاد deutliche Fingerzeige zu finden glaube.

Andere Unregelmässigkeiten als die, welche wir bei der Präteritalbildung kennen gelernt haben, hat der Organismus des persischen Verbums nicht aufzuweisen. Wurzel und Präteritalstamm sind die beiden Grundformen, aus welchen sich mittelst gewisser Derivations-Suffixe neue Verbalnomina theils substantivischer, theils adjectivischer, theils participieller Natur nach festen und unveränderlichen Gesetzen entwickeln.

Von der Wurzel werden abgeleitet:

1. Mit Anhängung eines betonten stummen ه substantivische Nomina, wie: von لرز zittern, لرزه der Schauer, von شكوف blühen, شكوفه die Blüthe, von خند lachen, خنده das Lächeln u. s. w.

2. Mit Anhängung eines betonten ى ebenfalls nomina substantiva, wie: von باز spielen: بازى das Spiel, von افراز eifern: جَغى der Eifer, von افراز erheben: افرازى die Erhebung; am häufigsten in Zusammensetzungen wie: كلچينى Blumenlese, سركشى Widersetzlichkeit u. s. w.

3. Mit Anhängung eines betonten ا substantivische und adjectivische Nomina, wie: von دان wissen: دانا weise, von بين sehen: بينا sehend, von توان können: توانا vermögend, — mit passiver Bedeutung: von دوش melken: دوشا melk, und Melkkuh (wie bei uns von Menschen gebraucht, welche sich von anderen ausbeuten lassen).

4. Mit Anhängung der betonten Sylbe ـِش nomina actionis, wie: von كَرد sich wenden, drehen: كردش

Wendung, Spaziergang; von نواز liebkosen: نوازش Liebkosung; von ده geben: دهش Gerechtigkeit u. s. w.

5. Mit Anhängung der betonten Sylbe اک ＝ substantivische Nomina, wie: von کاو höhlen: کاواک die Höhlung, von پوش kleiden: پوشاک Kleidung, von خور essen: خوراک Speise u. s. w.

6. Mit Anhängung der betonten Sylbe ان ＝ Gerundivparticipia mit andauernder Bedeutung, wie von پرس fragen: پرسان fort und fort fragend, von گریز laufen: گریزان fort und fort laufend, von لرز zittern: لرزان fort und fort zitternd; ferner auch nomina substantiva mit gleicher Bedeutung, wie: von بار regnen: باران der Regen, von چم gespreizt gehen: چمان gespreiter Gang, von دم athmen, schnauben: دمان das Schnauben u. s. w.

7. Mit Anhängung der auf der Endsylbe betonten Beugungsform نده ＝ Participialnomina mit der Bedeutung der Eigenthümlichkeit des Zustandes oder der Thätigkeit, wie: von فریب trügen: فریبنده trügerisch, von در reissen: درنده reissendes Thier, von کش tödten: کشنده tödtlich u. s. w. Diese Participialnomina gleichen in der Form unseren Mittelwörtern der Gegenwart, in der Bedeutung stimmen sie jedoch mehr mit unseren Nominalformen auf — er wie Betrieger, Mörder etc. überein.

Die Wurzeln, welche auf quiescirendes ا ＝ und و ＝ mit adhärentem ى ausgehen, behalten dieses letztere vor allen obigen Derivations-Suffixen, so: von اندا(ى) tünchen:

اندایه die Maurerkelle, von پای fussen: پایا feststehend, von جوی suchen: جویا suchend, von نمای sich zeigen: نمایان ersichtlich, von گوی sagen: گویان fort und fort sagend, گوینده der Redende, گویش das Reden u. s. w.

Die Wurzeln hingegen mit dem diphthongischen Ausgange ◌َو verwandeln den Halbvocal و bei Anhängung der Derivativ-Suffixe in consonantisches و, so: von رَو gehen, رَوِش, رَوان, رَوَنده, رَوا etc.

Von dem Präteritalstamme werden gebildet:

1. Mit Anhängung eines betonten stummen ه.

a) Das Mittelwort der Vergangenheit, welches bei thätig übergehenden Zeitwörtern sowohl thätiger als leidender Bedeutung fähig ist, wie: von ماند geblieben: مانده der gebliebene, von نشست sich gesetzt haben: نشسته der sich gesetzt habende; von ایستاد sich hingestellt haben: ایستاده der sich hingestellte habende, von خوابید sich gelegt haben: خوابیده der sich gelegt habende; hingegen von کشت getödtet haben: کشته der getödtet habende und der getödtet seiende, von نوشت geschrieben haben: نوشته der geschrieben habende und das geschrieben seiende etc.

b) Nomina substantiva mit leidender Bedeutung, wie: von فرمود befohlen haben: فرموده das Befohlene, der Befehl, von گفت gesagt haben: گفته das Gesagte, die Rede, von نوشت geschrieben haben: نوشته das Geschriebene, die Schrift, der Brief.

2. Mit Anhängung eines betonten quiescirenden ‍ی (doch eben so selten wie bei den Wurzeln) Nomina substantiva als: von بود gewesen: بودی das Gewesensein, das Sein, von گفت gesagt haben: گفتی das Gesagthaben, die Rede.

3. Mit Anhängung der betonten Sylbe ‍ار
a) Nomina actionis, wie von گفت gesagt haben: گفتار die Rede, von دید gesehen haben: دیدار das Sehen, von رفت gegangen sein: رفتار der Gang, das Benehmen etc.

b) Nomina agentis, wie: von داد gegeben haben: دادار der Spender, von خرید gekauft haben: خریدار der Käufer etc.

c) Nomina patientis, wie: von گرفت ergriffen haben: گرفتار der Gefangene, von کشت getödtet haben: کشتار das Schlachtopfer u. s. w.

4. Mit Anhängung der betonten Sylbe ‍ن der Infinitiv, wie: von ماند:ماندن bleiben, von نشست:نشستن sich setzen u. s. w.

5. Mit Anhängung der auf der Endsylbe betonten Beugeform ‍نی Gerundivparticipien der Zukunft, welche bei thätig übergehenden Zeitwörtern leidende Bedeutung haben, so: von ماند:ماندنی der zu bleiben habende, von رفت:رفتنی der zu gehen habende; hingegen von کشت:کشتنی der zu tödtende, von گرفت:گرفتنی der zu ergreifende u. s. w. Richtiger ist jedoch dieses

Gerundivparticipium vom Infinitiv durch Anhängung eines ی abgeleitet zu betrachten. Die persischen Lexicographen sprechen in diesem Sinne von einem dem Masdar beigefügten ی, welches sie das یای لیاقت, das *i* der Schicklichkeit oder Tauglichkeit nennen, nämlich: von خوردن essen, خوردنی das zum Essen taugliche u. s. w. Im Borhany Khatï finden wir auch noch dieses ی als ein یای مقصود حال, das *i* des angestrebten Zustandes aufgestellt: so: فلان آمدنی است N. N. soll kommen, ist im Begriffe zu kommen, این گوسفند کشتنی است dieses Schaf soll getödtet werden, hat getödtet zu werden. Es ist somit nichts anderes als die allgemeine adjectivische Bildungsform ی (یای نسبتی), speziell in ihrem Anschlusse an den Infinitiv betrachtet. Wir finden sie auch, wiewohl selten, mit anderen abgeleiteten Verbalformen in Verbindung, so: von خواست gewollt, der Wille: خواستی vom Willen abhängig, freiwillig, von دانش das Wissen: دانشی des Wissens befliessen, gelehrt, so viel als دانشمند.

Ein Gleiches gilt von dem substantivischen Formativ ی, dessen äusserst beschränkte Anwendung in Verbindung mit der Wurzel und dem Präteritalstamme des Verbums wir bemerkt haben; denn auch dieses kommt, wiewohl nur selten, im Anschlusse an abgeleitete Verbalformen vor, so an jene auf ا(ی), wo das adhärente ی eingefügt wird, wie: von دانا(ی) der Weise: دانائی Weisheit; ferner an jene auf ـنده und die Participia der Vergangenheit auf ه (ده ته), wo die euphonische Einschaltung eines ک bei Elision des stummen ه Platz greift, wie: von بارنده regnend: بارندگی Regenwetter, von آزرده gekränkt: آزردگی (erlittene)

Kränkung, von بَست, gebunden: بَستگی Gebundenheit, das Gebundensein u. s. w.

Damit ist der Organismus des persischen Verbums in allen seinen Bildungsformen abgeschlossen, welche sich aus der Wurzel theils unmittelbar, theils mittelst des davon abgeleiteten Präteritalstammes, nach bestimmten Gesetzen entwickeln. Dieser Entwicklungsgang ist in der vorliegenden Abhandlung dargestellt, und soll als Grundlage für eine neue Theorie des persischen Verbums dienen, welche, indem sie das wahre Princip zur Geltung bringt, zugleich die grösstmögliche Erleichterung für das praktische Studium bietet.